Abschied und Übergang

Goethes Gedanken über Tod und Unsterblichkeit

Artemis & Winkler

AUSWAHL VON PETER MEUER,

ERLÄUTERUNGEN UND NACHWORT VON WERNER KELLER

Artemis & Winkler Verlag

Printed in Germany
ISBN 3 7608 1081 0

INHALT

«Nichts vom Vergänglichen,
Wie's auch geschah!
Uns zu verewigen,
Sind wir ja da.»

ZAHME XENIEN I

AN ANNA MARGARETHA TEXTOR, GEB. LINDHEIMER.

STRASSBURG, FEBRUAR 1771

Theuerste Grosmama

der Todt unsers lieben Vaters, schon so lange täglich gefürchtet, hat mich doch unbereitet überrascht.

Ich habe diesen Verlust mit einem vollen Herzen empfunden; und was ist die Welt um uns herum, wenn wir verlieren was wir lieben.

Mich, nicht Sie zu trösten, schreib ich Ihnen, Ihnen die Sie ietzo das Haupt unserer Famielie sind, bitte Sie um Ihre Liebe, und versichre Sie meiner zärtlichsten Ergebenheit.

Sie haben länger in der Welt gelebt als ich, und müßen in Ihrem eignen Herzen mehr Trost finden, als ich kenne. Sie haben mehr Unglück ausgestanden als ich, Sie müßen weit lebhaffter fühlen als ich' s sagen kann, daß die traurigste Begebenheit, durch die Hand der Vorsicht die angenehmste Wendung zu unsrer Glückseeligkeit nimmt; daß die Reihe von Glück und Unglück im Leben in einander gekettet ist wie Schlaff und Wachen, keins ohne das andre, und eins um des andern willen, daß alle Freude in der Welt nur geborgt ist,

Sie haben Kinder und Enckel vor sich sterben sehn, an dem Morgen ihres Lebens Feyerabend machen, und nun begleiten Ihre Tränen einen Gemahl zu der ewigen Sabbaths Ruhe, einen Mann, der seinen Wochenlohn redlig verdient hat. Er hat ihn nun. Und doch hat der liebe Gott indem er vor ihn sorgte, auch für Sie für Uns gesorgt. Er hat uns nicht den muntern freundlichen glücklichen Greiß entrissen der mit der Lebhafftigkeit eines Jünglings die Geschäffte des Alters verrichtete, seinem Volke vorstund, die Freude seiner Familie war. Er hat uns einen Mann genommen dessen Leben wir schon einige Jahre an einem seidenfaden hängen sahen, dessen feuriger Geist die unterdrückende Last eines krancken Körpers mit schweerer Aengstlichkeit fühlen mußte sich frey wünschen mußte, wie sich ein Gefangner aus dem Kercker hinauswünscht.

Er ist nun frey und unsre Tränen wünschen ihm Glück und unsre Traurigkeit versammelt uns um Sie liebe Mama, uns mit Ihnen zu trösten, lauter Hertzen voll Liebe! Sie haben viel verlohren, aber es bleibt Ihnen viel übrig. Sehen Sie uns, lieben Sie uns und seyn Sie glücklich. Genießen Sie noch lange auch der zeitlichen Belohnung, die Sie so reichlich an unserm krancken Vater verdient haben, der hingegangen ist es an dem Ort der Vergeltung zu rühmen, und der uns als Denckmale seiner Liebe zurückgelassen hat, Denckmale der vergangnen Zeit, zur traurigen aber doch angenehmen Erinnerung. Und so bleibe Ihre Liebe für uns wie sie war, und wo viel Liebe ist, ist viel Glückseeligkeit. Ich bin mit recht warmem Herzen Ihr zärtlicher Enckel J. W. Goethe

(18,153 f.)

Goethes Großvater *Johann Wolfgang Textor (*1693), der Gatte der Adressatin, war am 6. Februar in Frankfurt gestorben.*

Vorsicht: *soviel wie «Vorsehung»*

Mir kommt vor, das sey die edelste von unsern Empfindungen, die Hoffnung, auch dann zu bleiben, wenn das Schicksaal uns zur allgemeinen Nonexistenz zurückgeführt zu haben scheint. Dieses Leben, meine Herren, ist für unsre Seele viel zu kurz, Zeuge, dass ieder Mensch, der geringste wie der höchste, der unfähigste wie der würdigste, eher alles müd wird, als zu leben; und dass keiner sein Ziel erreicht, wornach er so sehnlich ausging – denn wenn es einem auf seinem Gang auch noch so lang glückt, fällt er doch endlich, und offt im Angesicht des gehofften Zwecks, in eine Grube, die ihm, Gott weis wer, gegraben hat, und wird für nichts gerechnet.

Für nichts gerechnet! Ich! Der ich mir alles binn, da ich alles nur durch mich kenne! So ruft ieder, der sich fühlt, und macht grosse Schritte durch dieses Leben, eine Bereitung für den unendlichen Weeg drüben. (4,122)

Der junge Goethe wußte sich der literarischen Überlieferung verpflichtet – und niemandem mehr als Shakespeare (dessen Namenstag der 14. Oktober ist). Die Begegnung mit dem großen Vorbild entband Goethes dramatische Kraft, das Selbstgefühl des Stürmers und Drängers, dessen hochgesteigerter Subjektivismus über die Lebensgrenze hinaus will, da das endliche Leben dem unendlichen Tätigkeitsdrang nicht genügt.

REZENSION ZU JOHANN GEORG SULZERS «DIE SCHÖNEN KÜNSTE» 1772

Was wir von Natur sehen, ist Kraft, die Kraft verschlingt, nichts gegenwärtig, alles vorübergehend, tausend Keime zertreten, jeden Augenblick tausend geboren, groß und bedeutend, mannigfaltig ins Unendliche; schön und häßlich, gut und bös, alles mit gleichem Rechte nebeneinander existierend. Und die Kunst ist gerade das Widerspiel; sie entspringt aus den Bemühungen des Individuums, sich gegen die zerstörende Kraft des Ganzen zu erhalten. (13,29)

Der Rezensent verwahrt sich gegen das Harmonisierende der damaligen Kunsttheorie, da es über die bittere Lebenswirklichkeit hinwegtäusche, spricht aber erstmals sein ästhetisches Credo aus: Die Kunst bildet das Vermögen des Menschen, dem Vergänglichen zu widerstehen.

AUS: «BRIEF DES PASTORS ZU *** AN DEN NEUEN PASTOR ZU ***»
1773

Da habt ihr also die eine Ursache, warum und wie tolerant ich bin, ich überlasse, wie ihr seht, alle Ungläubigen der ewigen wiederbringenden Liebe, und habe das Zutrauen zu ihr, daß sie am besten wissen wird, den unsterblichen und unbeflecklichen Funken, unsre Seele, aus dem Leibe des Todtes, auszuführen und mit einem neuen und unsterblich reinen Kleide zu umgeben. (4,131)

In diesem wichtigen religiösen Zeugnis der Frankfurter Zeit bekennt sich Goethe zur «Wiederbringungslehre» des Origines, des christlichen Häretikers aus dem 3. Jh.: Dessen Toleranz gesteht nicht nur den Guten, sondern allen, auch den «Sündern», die Rückkehr zu Gott zu. Gottfried Arnold, Oetinger und andere Pietisten hatten sich zuvor schon gegen die Vorstellung von der ewigen Verdammnis gewandt, da Christi Erlösungskraft größer sei als die menschliche Sündhaftigkeit.

AUS: «PROMETHEUS» 1773

PANDORA. Sag
Was ist das alles was sie erschüttert
Und mich.
PROMETHEUS. Der Todt!
PAND. Was ist das?
PROM. Meine Tochter!
Du hast der Freuden viel genossen.
PAND. Tausendfach! Dir danck ich's all.

PROM. Pandora dein Busen schlug
Der kommenden Sonne
Dem wandlenden Mond entgegen.
Und in den Küssen deiner Gespielen
Genossest du die reinste Seeligkeit.
PAND. Unaussprechlich.
PROM. Was hub im Tanze deinen Körper
Leicht auf vom Boden
PAND. Freude!
Wie jedes Glied gerührt vom Sang und Spiel,
Bewegte, regte sich ich ganz in Melodie verschwamm.
PROM. Und alles lößt sich endl[ich] auf in Schlaf.
So Freud als Schmerz.
Du hast gefühlt der Sonne Glut,
Des Durstes Lechzen
Deiner Knie Müdigkeit,
Hast über dein verlohrnes Schaaf geweint,
Und wie geächzt gezittert
Da du im Wald den Dorn dir in die Ferse tratst,
Eh ich dich heilte.
PAND. Mancherley mein Vater ist des Lebens Wonn
Und Weh.
PROM. Und du fühlst an deinem Herzen
Daß noch der Freuden viel sind
Noch der Schmerzen die du nicht kennst.
PAND. Wohl! Wohl! dies Herze sehnt sich offt
Ach nirgend hin, und überall doch hin!
PROM. Da ist ein Augenblick der alles erfüllt,
Alles was wir gesehnt, geträumt, gehofft,
Gefürchtet meine Beste. Das ist der Todt.
PAND. Der Todt?

PROM. Wenn aus dem innerst tiefsten Grunde
Du ganz erschüttert alles fühlst
Was Freud und Schmerzen iemals dir ergossen,
Im Sturm dein Herz erschwillt,
In Tränen sich erleichtern will und seine Glut vermehrt
Und alles klingt an dir und bebt und zittert,
Und all die Sinne dir vergehn
Und du dir zu vergehen scheinst
Und sinckst und alles um dich Her
Versinckt in Nacht, und du in inner eigenem Gefühle
Umfassest eine Welt,
Dann stirbt der Mensch.
PAND. *ihn umhalsend.* O Vater laß uns sterben!
PROM. Noch nicht!
PAND. Und nach dem Todt.
PROM. Wenn alles, Begier und Freud und Schmerz
Im stürmenden Genuß sich aufgelöst,
Dann sich erquickt in Wonne Schlafft,
Dann lebst du auf, aufs iüngste wieder auf,
Aufs neue zu fürchten zu hoffen und zu begehren.
(4,195 f.)

Im «Prometheus»-Fragment sieht die junge Pandora ungewollt das Liebesspiel ihrer Freundin Mira mit deren Geliebtem. Verwirrt fragt sie ihren Vater Prometheus: «Sag / Was ist das alles, was sie erschüttert / Und mich?» Der Vater erklärt ihr, was der Tod ist: der höchste Liebesaugenblick, in dem sich der Mensch entgrenzt und zu neuem Werden wieder «auflebt».

Sterben! Was heißt das? Siehe, wir träumen, wenn wir vom Tode reden. Ich habe manchen sterben sehen; aber so eingeschränkt ist die Menschheit, daß sie für ihres Daseins Anfang und Ende keinen Sinn hat. Jetzt noch mein, Dein! Dein, o Geliebte! Und einen Augenblick – getrennt, geschieden – vielleicht auf ewig? – Nein, Lotte, nein – Wie kann ich vergehen? Wie kannst Du vergehen? – Wir *sind* ja! – Vergehen! – Was heißt das? Das ist wieder ein Wort! Ein leerer Schall! ohne Gefühl für mein Herz. – – Tot, Lotte! eingescharrt der kalten Erde, so eng! so finster! – Ich hatte eine Freundin, die mein Alles war meiner hülflosen Jugend; sie starb, und ich folgte ihrer Leiche und stand an dem Grabe, wie sie den Sarg hinunterließen und die Seile schnurrend unter ihm weg und wieder heraufschnellten, dann die erste Schaufel hinunterschollerte und die ängstliche Lade einen dumpfen Ton wiedergab, und dumpfer und immer dumpfer, und endlich bedeckt war! – Ich stürzte neben das Grab hin – ergriffen, erschüttert, geängstet, zerrissen mein Innerstes; aber ich wußte nicht, wie mir geschah – wie mir geschehen wird – Sterben! Grab! Ich verstehe die Worte nicht! (4,501)

In Werthers Abschiedsbrief an die geliebte, mit Albert verlobte Lotte kommt das Erschrecken vor dem Sterben zu Wort. Heimatlos im Irdischen, halb aus dem Leben sich hinwegsehnend und halb hinausgedrängt, gibt er sich den Tod – in der Hoffnung, mit der sich junge Menschen im 18. Jh. trennten: «Wir werden uns wiedersehen».

AUS: «FAUST» I (VERSE 501 ff.)

GEIST. In Lebensfluten, im Tatensturm
Wall ich auf und ab,
Webe hin und her!
Geburt und Grab,
Ein ewiges Meer,
Ein wechselnd Weben,
Ein glühend Leben:
So schaff ich am sausenden Webstuhl der Zeit
Und wirke der Gottheit lebendiges Kleid.
(5,159)

Schon im «Urfaust» tritt Goethes selbsterdachter «Erdgeist» auf: Dieser charakterisiert sich als Kraft, die, auf ewige Tätigkeit ausgerichtet, das irdisch-organische Leben «wirkt» und den Gegensatz von «Geburt und Grab», von Erschaffen und Zerstören verkörpert.

AUS: «FAUST» I (VERSE 690 ff.)

FAUST. Ich grüße dich, du einzige Phiole,
Die ich mit Andacht nun herunterhole!
In dir verehr ich Menschenwitz und Kunst.
Du Inbegriff der holden Schlummersäfte,
Du Auszug aller tödlich-feinen Kräfte,
Erweise deinem Meister deine Gunst!
Ich sehe dich: es wird der Schmerz gelindert,
Ich fasse dich: das Streben wird gemindert,
Des Geistes Flutstrom ebbet nach und nach.
Ins hohe Meer werd ich hinausgewiesen,
Die Spiegelflut erglänzt zu meinen Füßen,
Zu neuen Ufern lockt ein neuer Tag.

Ein Feuerwagen schwebt auf leichten Schwingen
An mich heran! Ich fühle mich bereit,
Auf neuer Bahn den Äther zu durchdringen
Zu neuen Sphären reiner Tätigkeit.
Dies hohe Leben, diese Götterwonne!
Du, erst noch Wurm, und die verdienest du?
Ja, kehre nur der holden Erdensonne
Entschlossen deinen Rücken zu!
Vermesse dich, die Pforten aufzureißen,
Vor denen jeder gern vorüberschleicht!
Hier ist es Zeit, durch Taten zu beweisen,
Daß Manneswürde nicht der Götterhöhe weicht:
Vor jener dunkeln Höhle nicht zu beben,
In der sich Phantasie zu eigner Qual verdammt,
Nach jenem Durchgang hinzustreben,
Um dessen engen Mund die ganze Hölle flammt,

Zu diesem Schritt sich heiter zu entschließen,
Und wär es mit Gefahr, ins Nichts dahinzufließen!
(5,165)

Was das Leben verwehrt, will Faust durch einen freigewählten Tod erreichen: Befreiung aus dem Kerker des Körpers und Einswerdung mit der immer tätigen Schöpfung. In der Phantasie überfliegt Faust mit Hilfe des Eliaswagens die Grenzen des Irdischen, um den jenseitigen «neuen Tag» zu gewinnen, doch verhindern die Osterglocken, daß er seinen Entschluß in die Tat umsetzt.

Phiole: *Glasgefäß der Alchimisten, hier Behälter von Gift*

AN CATHARINA ELISABETH GOETHE 28. JUNI 1777

Ich kan Ihr nichts sagen, als daß das Glück sich gegen mich immer gleich bezeigt, daß mir der todt der Schwester nur desto schmerzlicher ist da er mich in so glücklichen Zeiten überrascht. Ich kan nur menschlich fühlen, und lasse mich der Natur die uns heftigen Schmerz nur kurze Zeit, trauer lang empfinden läßt. (18,361)

Goethes einzige Schwester war am 8. Juni 1777, vier Wochen nach der Geburt ihrer zweiten Tochter, gestorben. Goethe dazu im Tagebuch: «Früh zurück. Brief des Tods m. Schwester. Dunkler zerrissener Tag.»

Die tiefe Erschütterung äußert sich im Versuch, die mütterliche Sorge um den Sohn zu beschwichtigen, und, wie später noch öfter, im Schweigen über das tiefempfundene Leid.

Des Menschen Seele
Gleicht dem Wasser:
Vom Himmel kommt es,
Zum Himmel steigt es,
Und wieder nieder
Zur Erde muß es,
Ewig wechselnd.

Strömt von der hohen,
Steilen Felswand
Der reine Strahl,
Dann stäubt er lieblich
In Wolkenwellen
Zum glatten Fels,
Und leicht empfangen
Wallt er verschleiernd,
Leisrauschend
Zur Tiefe nieder.

Ragen Klippen
Dem Sturz entgegen,
Schäumt er unmutig
Stufenweise
Zum Abgrund.

Im flachen Bette
Schleicht er das Wiesental hin,
Und in dem glatten See
Weiden ihr Antlitz
Alle Gestirne.

Wind ist der Welle
Lieblicher Buhler;
Wind mischt vom Grund aus
Schäumende Wogen.

Seele des Menschen,
Wie gleichst du dem Wasser!
Schicksal des Menschen,
Wie gleichst du dem Wind!
(1,306 f.)

Das Gedicht entstand im Oktober 1779 während Goethes 2. Schweizerreise im Angesicht des Staubbachfalls bei Lauterbrunnen.

AUS: «DIE NATUR» (FRAGMENT VON CHRISTOPH GEORG TOBLER, 1783)

Natur! Wir sind von ihr umgeben und umschlungen – unvermögend aus ihr herauszutreten, und unvermögend tiefer in sie hinein zu kommen. Ungebeten und ungewarnt nimmt sie uns in den Kreislauf ihres Tanzes auf und treibt sich mit uns fort, bis wir ermüdet sind und ihrem Arme entfallen.

Sie schafft ewig neue Gestalten; was da ist, war noch nie, was war, kommt nicht wieder – alles ist neu, und doch immer das Alte.

Ihr Schauspiel ist immer neu, weil sie immer neue Zuschauer schafft. Leben ist ihre schönste Erfindung, und der Tod ist ihr Kunstgriff, viel Leben zu haben. (16,921 f., 923)

Obwohl als Verfaser des «Natur»-Fragments Christoph Georg Tobler (1757–1812) gilt, der 1782/83 einige Monate in Weimar verbrachte, wurde der Hymnus in Goethes Werk aufgenommen, da er, von Goethe beeinflußt, dessen frühe Naturauffassung ausspricht, der allerdings noch die späteren Prinzipien von Polarität und Steigerung fehlen.

DEM ACKERMANN UM 1785

Flach bedecket und leicht den goldenen Samen die Furche,
Guter! die tiefere deckt endlich dein ruhend Gebein.
Fröhlich gepflügt und gesät! Hier keimet lebendige Nahrung,
Und die Hoffnung entfernt selbst von dem Grabe sich nicht.

(1,349)

AUS: «ITALIENISCHE REISE» III DEZEMBER 1787

Es darf uns nicht niederschlagen, wenn sich uns die Bemerkung aufdringt, das Große sei vergänglich; vielmehr wenn wir finden, das Vergangene sei groß gewesen, muß es uns aufmuntern selbst etwas von Bedeutung zu leisten, daß fortan unsre Nachfolger, und wär' es auch schon in Trümmer zerfallen, zu edler Tätigkeit aufrege, woran es unsre Vorvordern niemals haben ermangeln lassen. (11,504)

AUS: «EGMONT» FÜNFTER AUFZUG – GEFÄNGNIS

Die Menschen sind nicht nur zusammen, wenn sie beisammen sind; auch der Entfernte, der Abgeschiedne lebt uns. Ich lebe dir, und habe mir genug gelebt. Eines jeden Tages hab ich mich gefreut, an jedem Tage mit rascher Wirkung meine Pflicht getan, wie mein Gewissen sie mir zeigte. Nun endigt sich das Leben, wie es sich früher, früher, schon auf dem Sande von Gravelingen hätte endigen können. Ich höre auf zu leben; aber ich habe gelebt. So leb auch du, mein Freund, gern und mit Lust, und scheue den Tod nicht!
(6.97f.)

Die Abschiedsworte des zum Tod verurteilten Grafen Egmont an Ferdinand, den Sohn Herzog Albas, des brutalen Gegenspielers, enthalten das Bekenntnis des Lebenslieblings Egmont.

Gravelingen: *Ort im französischen Department Nord; Schauplatz des spanischen Sieges (unter Anführung Egmonts) über die Franzosen.*

AUS: «KÜNSTLERS APOTHEOSE» (VERSE 201 ff.)

MUSE.

Denn was ein guter Mensch erreichen kann,
Ist nicht im engen Raum des Lebens zu erreichen.
Drum lebt er auch nach seinem Tode fort
Und ist so wirksam, als er lebte;
Die gute Tat, das schöne Wort,
Es strebt unsterblich, wie er sterblich strebte.
So lebst auch du durch ungemeßne Zeit.
Genieße der Unsterblichkeit!
(HA 1,76)

Nach Auskunft der Muse äußert sich die «Apotheose», die Gottwerdung des Künstlers, darin, daß dieser im Kunstwerk die Zeit überdauert und seine Unsterblichkeit in der Wirkung auf Nachlebende besteht. Das kleine Drama, 1788 entstanden, belegt die Auffassung der Frühklassik, die allein im Irdischen die menschliche Unsterblichkeit ansiedelt.

Ich nehme mehr teil als du glaubst an der tröstlichen Erfahrung die mir dein Brief mitteilt: daß deine liebe Agnes in den letzten Zeiten, sich dir reiner, himmlischer, verklärter als in ihrem ganzen Leben dargestellt und daß sie dir scheidend einen Vorschmack, eine Ahndung seligen und vollendeten Bleibens zurückgelassen.

Wenn ich auch gleich für meine Person an der Lehre des Lucrez mehr oder weniger hänge und alle meine Prätensionen in den Kreis des Lebens einschließe; so erfreut und erquickt es mich doch immer sehr, wenn ich sehe daß die allmütterliche Natur für zärtliche Seelen auch zartere Laute und Anklänge in den Undulationen ihrer Harmonien leise tönen läßt und dem endlichen Menschen auf so manche Weise ein Mitgefühl des Ewigen und Unendlichen gönnt. (19,134)

Das Werk des römischen Dichters und Philosophen Lukrez (ca. 97–55 v. Chr.) gipfelt in dem Lehrgedicht «Über die Natur», das der Diesseitigkeit das Wort redet und gegen Aberglauben und Furcht vor den Göttern angeht.

liebe Agnes: *Goethes Jugendfreund Stolberg hatte am 15. November 1788 seine Frau Agnes, geb. v. Witzleben, verloren.*

Prätensionen: *Ansprüche*

Undulationen: *Schwingungen*

AUS: «WILHELM MEISTERS LEHRJAHRE» (6. BUCH, BEKENNTNISSE EINER SCHÖNEN SEELE)

Nie werde ich die Ruhe des Geistes, die Klarheit und Deutlichkeit vergessen, womit er die Angelegenheiten seines Hauses, die Besorgung seines Begräbnisses, als wie das Geschäft eines andern, mit der größten Ordnung vornahm.

Mit einer Heiterkeit, die ihm sonst nicht eigen war, und die bis zu einer lebhaften Freude stieg, sagte er zu mir: Wo ist die Todesfurcht hingekommen, die ich sonst noch wohl empfand? Sollt' ich zu sterben scheuen? Ich habe einen gnädigen Gott, das Grab erweckt mir kein Grauen, ich habe ein ewiges Leben. (7,445)

Diese «Bekenntnisse», die den Gang der Romanhandlung in den «Lehrjahren» scheinbar unterbrechen, sind der Darstellung der sublimen, nach innen gewandten pietistischen Frömmigkeitsform gewidmet. Es war Goethe darum zu tun, Gestalt und Haltung der Susanna Katharina von Klettenberg (1723–1774), einer nahen Freundin der Familie Goethe, zu rühmen.

womit er: *gemeint der Vater der «Schönen Seele», die hier ihre Bekenntnisse ablegt.*

Man weiß in solchen Fällen nicht, ob man besser tut, sich dem Schmerz natürlich zu überlassen, oder sich durch die Beihülfen, die uns die Kultur anbietet, zusammen zu nehmen. Entschließt man sich zu dem letzten, wie ich es immer tue, so ist man dadurch nur für einen Augenblick gebessert, und ich habe bemerkt, daß die Natur durch andere Krisen immer wieder ihr Recht behauptet. (20,126 f.)

in solchen Fällen: *Goethe hatte ein Söhnchen nur zwei Wochen nach der Geburt verloren.*

AUS «HERMANN UND DOROTHEA» (9. GESANG, VERSE 46ff.)

Lächelnd sagte der Pfarrer: Des Todes rührendes Bild steht,
Nicht als Schrecken dem Weisen, und nicht als Ende dem Frommen.
Jenen drängt es ins Leben zurück, und lehret ihn handeln;
Diesem stärkt es, zu künftigem Heil, im Trübsal die Hoffnung;
Beiden wird zum Leben der Tod. Der Vater mit Unrecht
Hat dem empfindlichen Knaben den Tod im Tode gewiesen.
Zeige man doch dem Jüngling des edel reifenden Alters
Wert, und dem Alter die Jugend, daß beide des ewigen Kreises
Sich erfreuen und so sich Leben im Leben vollende!
(3,233)

«Hermann und Dorothea» entstand in der Zeit von September 1796 bis Juli 1797. Den Stoff entnahm Goethe der Gegenwart. Es war die Zeit der Revolutionskriege. Dem Chaos des Alltags stellt er das Bild bleibender Ordnung entgegen.

Auch von des höchsten Gebirgs beeisten zackigen Gipfeln
Schwindet Purpur und Glanz scheidender Sonne hinweg.
Lange verhüllt schon Nacht das Tal und die Pfade des
Wandrers,
Der, am tosenden Strom, auf zu der Hütte sich sehnt,
Zu dem Ziele des Tags, der stillen hirtlichen Wohnung;
Und der göttliche Schlaf eilet gefällig voraus,
Dieser holde Geselle des Reisenden. Daß er auch heute
Segnend kränze das Haupt mir mit dem heiligen Mohn!
Aber was leuchtet mir dort vom Felsen glänzend herüber
Und erhellet den Duft schäumender Ströme so hold?
Strahlt die Sonne vielleicht durch heimliche Spalten und
Klüfte?
Denn kein irdischer Glanz ist es, der wandelnde, dort.
Näher wälzt sich die Wolke, sie glüht. Ich staune dem Wunder!
Wird der rosige Strahl nicht ein bewegtes Gebild?
Welche Göttin nahet sich mir? Und welche der Musen
Suchet den treuen Freund, selbst in dem grausen Geklüft?
Schöne Göttin! enthülle dich mir, und täusche,
verschwindend,
Nicht den begeisterten Sinn, nicht das gerührte Gemüt.
Nenne, wenn du es darfst vor einem Sterblichen, deinen
Göttlichen Namen; wo nicht: rege bedeutend mich auf,
Daß ich fühle, welche du seist von den ewigen Töchtern
Zeus', und der Dichter sogleich preise dich würdig im Lied.
«Kennst du mich, Guter, nicht mehr? Und käme diese Gestalt
dir,
Die du doch sonst geliebt, schon als ein fremdes Gebild?
Zwar der Erde gehör ich nicht mehr, und trauernd
entschwang sich

Schon der schaudernde Geist jugendlich frohem Genuß,
Aber ich hoffte mein Bild noch fest in des Freundes Erinnrung
Eingeschrieben, und noch schön durch die Liebe verklärt.
Ja, schon sagt mir gerührt dein Blick, mir sagt es die Träne:
Euphrosyne, sie ist noch von dem Freunde gekannt.
Sieh, die Scheidende zieht durch Wälder und grause Gebirge,
Sucht den wandernden Mann, ach! in der Ferne noch auf;
Sucht den Lehrer, den Freund, den Vater und blicket noch einmal
Nach dem leichten Gerüst irdischer Freuden zurück.
Laß mich der Tage gedenken, da mich, das Kind, du dem Spiele,
Jener täuschenden Kunst reizender Musen geweiht.
Laß mich der Stunde gedenken und jedes kleineren Umstands,
Ach, wer ruft nicht so gern Unwiederbringliches an!
Jenes süße Gedränge der leichtesten irdischen Tage,
Ach, wer schätzt ihn genug, diesen vereilenden Wert!
Klein erscheinet es nun, doch ach! nicht kleinlich dem Herzen;
Macht die Liebe, die Kunst jegliches Kleine doch groß.
Denkst du der Stunde noch wohl, wie auf dem Brettergerüste
Du mich der höheren Kunst ernstere Stufen geführt?
Knabe schien ich, ein rührendes Kind, du nanntest mich Arthur,
Und belebtest in mir britisches Dichter-Gebild,
Drohtest mit grimmiger Glut den armen Augen und wandtest
Selbst den tränenden Blick, innig getäuschet, hinweg.
Ach! da warst du so hold und schütztest ein trauriges Leben,
Das die verwegene Flucht endlich dem Knaben entriß.
Freundlich faßtest du mich, den Zerschmetterten, trugst mich von dannen,
Und ich heuchelte lang, dir an dem Busen, den Tod.

Endlich schlug die Augen ich auf, und sah dich, in ernste,
Stille Betrachtung versenkt, über den Liebling geneigt.
Kindlich strebt ich empor und küßte dir dankbar die Hände,
Reichte zum reinen Kuß dir den gefälligen Mund,
Fragte: Warum so ernst, mein Vater? und hab ich gefehlet,
Oh! so zeige mir an, wie mir das Beßre gelingt.
Keine Mühe verdrießt mich bei dir, und alles und jedes
Wiederhol ich so gern, wenn du mich leitest und lehrst.
Aber du faßtest mich stark und drücktest mich fester im Arme,
Und es schauderte mir tief in dem Busen das Herz.
Nein! mein liebliches Kind, so riefst du, alles und jedes,
Wie du es heute gezeigt, zeig es auch morgen der Stadt,
Rühre sie alle, wie du mich rührst, und es fließen zum Beifall
Dir von dem trockensten Aug herrliche Tränen herab.
Aber am tiefsten trafst du doch mich, den Freund, der im Arm dich
Hält, den selber der Schein früherer Leiche geschreckt.
Ach, Natur, wie sicher und groß in allem erscheinst du!
Himmel und Erde befolgt ewiges, festes Gesetz:
Jahre folgen auf Jahre, dem Frühling reichet der Sommer,
Und dem reichlichen Herbst traulich der Winter die Hand.
Felsen stehen gegründet, es stürzt sich das ewige Wasser
Aus der bewölkten Kluft schäumend und brausend hinab.
Fichten grünen so fort, und selbst die entlaubten Gebüsche
Hegen, im Winter schon, heimliche Knospen am Zweig.
Alles entsteht und vergeht nach Gesetz; doch über des Menschen

Leben, dem köstlichen Schatz, herrschet ein schwankendes Los.
Nicht dem blühenden nickt der willig scheidende Vater,
Seinem trefflichen Sohn, freundlich vom Rande der Gruft;
Nicht der Jüngere schließt dem Älteren immer das Auge,
Das sich willig gesenkt, kräftig dem Schwächeren zu.
Öfter, ach! verkehrt das Geschick die Ordnung der Tage:
Hilflos klaget ein Greis Kinder und Enkel umsonst,
Steht, ein beschädigter Stamm, dem rings zerschmetterte Zweige
Um die Seiten umher strömende Schloßen gestreckt.
Und so, liebliches Kind, durchdrang mich die tiefe Betrachtung,
Als du, zur Leiche verstellt, über die Arme mir hingst;
Aber freudig seh ich dich mir in dem Glanze der Jugend,
Vielgeliebtes Geschöpf, wieder am Herzen belebt.
Springe fröhlich dahin, verstellter Knabe! Das Mädchen
Wächst zur Freude der Welt, mir zum Entzücken heran.
Immer strebe so fort, und deine natürlichen Gaben
Bilde, bei jeglichem Schritt steigenden Lebens, die Kunst.
Sei mir lange zur Lust, und eh mein Auge sich schließet,
Wünsch ich dein schönes Talent glücklich vollendet zu sehn. –
Also sprachst du, und nie vergaß ich der wichtigen Stunde!
Deutend entwickelt ich mich an dem erhabenen Wort.
O wie sprach ich so gerne zum Volk die rührenden Reden,
Die du, voller Gehalt, kindlichen Lippen vertraut!
O wie bildet ich mich an deinen Augen, und suchte
Dich im tiefen Gedräng staunender Hörer heraus!
Doch dort wirst du nun sein, und sitzen, und nimmer bewegt sich

Euphrosyne hervor, dir zu erheitern den Blick.
Du vernimmst sie nicht mehr, die Töne des wachsenden
Zöglings,
Die du zu liebendem Schmerz frühe, so frühe! gestimmt.
Andere kommen und gehn; es werden dir andre gefallen,
Selbst dem großen Talent drängt sich ein größeres nach.
Aber du, vergesse mich nicht! Wenn eine dir jemals
Sich im verworrnen Geschäft heiter entgegen bewegt,
Deinem Winke sich fügt, an deinem Lächeln sich freuet
Und am Platze sich nur, den du bestimmtest, gefällt,
Wenn sie Mühe nicht spart noch Fleiß, wenn tätig
der Kräfte,
Selbst bis zur Pforte des Grabs, freudiges Opfer
sie bringt –
Dann gedenkest du mein, du Guter! und rufest auch
spät noch:
Euphrosyne, sie ist wieder erstanden vor mir!
Vieles sagt ich noch gern; doch ach! die Scheidende
weilt nicht,
Wie sie wollte; mich führt streng ein gebietender Gott.
Lebe wohl! schon zieht michs dahin in schwankendem
Eilen.
Einen Wunsch nur vernimm, freundlich gewähre
mir ihn:
Laßt nicht ungerühmt mich zu den Schatten hinabgehn!
Nur die Muse gewährt einiges Leben dem Tod.
Denn gestaltlos schweben umher in Persephoneias
Reiche, massenweis, Schatten vom Namen getrennt;
Wen der Dichter aber gerühmt, der wandelt, gestaltet,
Einzeln, gesellet dem Chor aller Heroen sich zu.
Freudig tret ich einher, von deinem Liede verkündet,

Und der Göttin Blick weilet gefällig auf mir.
Mild empfängt sie mich dann, und nennt mich; es winken die hohen
Göttlichen Frauen mich an, immer die nächsten am Thron.
Penelopeia redet zu mir, die treuste der Weiber,
Auch Euadne, gelehnt auf den geliebten Gemahl.
Jüngere nahen sich dann, zu früh herunter gesandte,
Und beklagen mit mir unser gemeines Geschick.
Wenn Antigone kommt, die schwesterlichste der Seelen,
Und Polyxena, trüb noch von dem bräutlichen Tod,
Seh ich als Schwestern sie an und trete würdig zu ihnen;
Denn der tragischen Kunst holde Geschöpfe sind sie.
Bildete doch ein Dichter auch mich; und seine Gesänge,
Ja, sie vollenden an mir, was mir das Leben versagt.» –
Also sprach sie, und noch bewegte der liebliche Mund sich,
Weiter zu reden; allein schwirrend versagte der Ton.
Denn aus dem Purpurgewölk, dem schwebenden, immer bewegten,
Trat der herrliche Gott Hermes gelassen hervor;
Mild erhob er den Stab und deutete; wallend verschlangen
Wachsende Wolken, im Zug, beide Gestalten vor mir.
Tiefer liegt die Nacht um mich her; die stürzenden Wasser
Brausen gewaltiger nun neben dem schlüpfrigen Pfad.
Unbezwingliche Trauer befällt mich, entkräftender Jammer,
Und ein moosiger Fels stützet den Sinkenden nur.
Wehmut reißt durch die Saiten der Brust, die nächtlichen Tränen
Fließen; und über dem Wald kündet der Morgen sich an.
(2,196 f.)

Auf der 3. Schweizer Reise, im Herbst 1797, erreichte Goethe die Nachricht vom Tod der erst zwanzigjährigen Schauspielerin Christiane Becker-Neumann, die unter seiner Regie in Shakespeares «König Johann» (als Knabe Arthur, der vom Kämmerer geblendet werden soll und sich daher aus dem Fenster stürzt), zuletzt als Euphrosyne – die Grazie des Frohsinns – in Weigls Zauberoper aufgetreten war. – Das Gedicht gehört zu den großen Totenklagen der Weltliteratur. Geleitet von Hermes, dem Seelenführer, erscheint die Verstorbene auf dem Weg ins Totenreich ihrem väterlichen Freund – mit der Bitte, von ihm, dem Dichter, im Wort genannt, «gestaltet» zu werden, denn die Kunst ist es, die nach uralter Auffassung das Lebensfragment vollendet und die «Existenzweise» sogar im Hades vorausbestimmt. Worum Euphrosyne bittet, erfüllt sich im Gang der kunstvoll «gestalteten» Elegie.

AUS: «XENIEN» 1797

Leben muß man und lieben; es endet Leben und Liebe.
Schnittest du, Parze, doch nur beiden die Fäden zugleich!
(1,259)

Parze: *Schicksalsgöttin des antiken Mythos, welche den Lebensfaden des Menschen abschneidet.*

Hielte diesen frühen Segen
Ach, nur Eine Stunde fest!
Aber vollen Blütenregen
Schüttelt schon der laue West.
Soll ich mich des Grünen freuen,
Dem ich Schatten erst verdankt?
Bald wird Sturm auch das zerstreuen,
Wenn es falb im Herbst geschwankt.

Willst du nach den Früchten greifen,
Eilig nimm dein Teil davon!
Diese fangen an zu reifen,
Und die andern keimen schon;
Gleich mit jedem Regengusse
Ändert sich dein holdes Tal,
Ach, und in demselben Flusse
Schwimmst du nicht zum zweitenmal.

Du nun selbst! Was felsenfeste
Sich vor dir hervorgetan,
Mauern siehst du, siehst Paläste
Stets mit andern Augen an.
Weggeschwunden ist die Lippe,
Die im Kusse sonst genas,
Jener Fuß, der an der Klippe
Sich mit Gemsenfreche maß,

Jene Hand, die gern und milde
Sich bewegte wohlzutun,
Das gegliederte Gebilde,
Alles ist ein andres nun.
Und was sich an jener Stelle
Nun mit deinem Namen nennt,
Kam herbei wie eine Welle,
Und so eilts zum Element.

Laß den Anfang mit dem Ende
Sich in Eins zusammenziehn!
Schneller als die Gegenstände
Selber dich vorüberfliehn.
Danke, daß die Gunst der Musen
Unvergängliches verheißt,
Den Gehalt in deinem Busen
Und die Form in deinem Geist.
(1,512 f.)

Goethes lebenslanges Bemühen, vor allem in den Naturwissenschaften, ging darauf aus, im Wechsel ein Bleibendes, im Vergänglichen das Dauernde – das Typische – zu gewahren.

AUS DEM GESPRÄCH MIT HEINRICH LUDEN 19. AUGUST 1806

Die Menschen haben sich stets geängstigt und geplagt; sie haben sich untereinander gequält und gemartert; sie haben sich und anderen das bißchen Leben sauer gemacht, und die Schönheit der Welt und die Süßigkeit des Daseins, welche die schöne Welt ihnen darbietet, weder zu achten noch zu genießen vermocht. Nur wenigen ist es bequem und erfreulich geworden. Die meisten haben wohl, wenn sie das Leben eine Zeitlang mitgemacht hatten, lieber hinausscheiden, als von neuem beginnen mögen. Was ihnen noch etwa einige Anhänglichkeit an das Leben gab oder gibt, das war und ist die Furcht vor dem Sterben. So ist es; so ist es gewesen; so wird es wohl auch bleiben. Das ist nun einmal das Los der Menschen. Was brauchen wir weiter Zeugnis. (B II, 114)

AUS DEM GESPRÄCH MIT FRIEDRICH WILHELM RIEMER 7. DEZEMBER 1808

Licht, wie es mit der Finsternis die Farbe wirkt, ist ein schönes Symbol der Seele, welche mit der Materie den Körper bildend belebt. So wie der Purpurglanz der Abendwolke schwindet und das Grau des Stoffes zurückbleibt, so ist das Sterben des Menschen. Es ist ein Entweichen, ein Erblassen des Seelenlichtes, das aus dem Stoffe weicht. Daher sehe ich keinen Toten. Alle meine gestorbenen Freunde sind mir so verblichen und verschwunden, und das Scheinbild von ihnen bleibt mir noch im Auge. (B II, 391)

AUS: «DIE WAHLVERWANDTSCHAFTEN» (2. TEIL, 2. KAPITEL: AUS OTTILIENS TAGEBUCH)

Neben denen dereinst zu ruhen, die man liebt, ist die angenehmste Vorstellung, welche der Mensch haben kann, wenn er einmal über das Leben hinausdenkt. Zu den Seinigen versammelt werden, ist ein so herzlicher Ausdruck.

Wenn man die vielen versunkenen, die durch Kirchgänger abgetretenen Grabsteine, die über ihren Grabmälern selbst zusammengestürzten Kirchen erblickt, so kann einem das Leben nach dem Tode doch immer wie ein zweites Leben vorkommen, in das man nun im Bilde, in der Überschrift eintritt und länger darin verweilt als in dem eigentlichen lebendigen Leben. Aber auch dieses Bild, dieses zweite Dasein, verlischt früher oder später. Wie über die Menschen so auch über die Denkmäler läßt sich die Zeit ihr Recht nicht nehmen. (9,145 f.)

In die «Wahlverwandtschaften» – nach Thomas Mann der «höchste deutsche Roman» – dringt der Tod als Folge der unbedingten Leidenschaft, der sich Eduard und Ottilie ergeben, ein. Daher ist es nur konsequent, daß vor allem Ottilie, die ihre Grenzübertretung durch Selbstopfer sühnen will, oft über den Tod, über Begräbnis und Friedhof nachdenkt.

AUS: «DIE WAHLVERWANDTSCHAFTEN» (2. TEIL, 18. KAPITEL)

So ruhen die Liebenden nebeneinander. Friede schwebt über ihrer Stätte, heitere verwandte Engelsbilder schauen vom Gewölbe auf sie herab, und welch ein freundlicher Augenblick wird es sein, wenn sie dereinst wieder zusammen erwachen. (9,275)

Der nazarenisch-süße Schlußpassus in diesem Ehe- und Gesellschaftsroman wurde oft zu deuten versucht: Ist er ironisch gemeint? als Abrechnung mit dem verspielten Landadel? oder ist er ein Zugeständnis an den romantisierenden Zeitgeist? Das tödliche Ende der Liebenden entspricht Goethes Wirklichkeitssinn, die Wiederauferstehung – nach der Tragik im Diesseits – seinem Hoffnungsglauben.

die Liebenden: *Ottilie und Eduard, die Hauptfiguren des Romans*

AUS: «DICHTUNG UND WAHRHEIT» (2. TEIL, 8. BUCH)

Am meisten entzückte uns die Schönheit jenes Gedankens, daß die Alten den Tod als den Bruder des Schlafs anerkannt, und beide, wie es Menächmen geziemt, zum Verwechseln gleich gebildet. (10,348)

Im 17. Jh. hatte man den Tod als «klapperndes Gerippe» dargestellt. Durch Lessing (und Herder) wurde der jungen Generation um 1770 die griechische Vorstellung vermittelt, wonach der Tod als Genius mit gesenkter Fackel und als «Bruder des Schlafs» auftritt.

Menächmen: *Zwillingsbrüder*

AN FRIEDERIKE CAROLINE SOPHIE PRINZESSIN VON SOLMS-BRAUNFELS 3. JANUAR 1812

... denn eine Grabschrift ist ja eigentlich eine Lebensschrift, indem sie die Grabstätte durch die Erinnerung an das Leben beleben soll. Dient sie also als Gegengewicht des Todes, warum sollte sie nicht auch dem Lebendigen ein Übergewicht geben? (WA IV, 22,233)

AN KARL FRIEDRICH VON REINHARD 13. AUGUST 1812

Eine solche Erscheinung gegen das Ende seiner Tage zu erleben, gibt die angenehme Empfindung, als wenn man bei Sonnenaufgang stürbe und sich noch recht mit inneren und äußeren Sinnen überzeugte, daß die Natur ewig produktiv, bis ins Innerste göttlich, lebendig, ihren Typen getreu und keinem Alter unterworfen ist. (19,667)

Der Briefabschnitt bezieht sich auf die österreichische Kaiserin Maria Ludovica (1787–1816). Ihr begegnete Goethe erstmals 1810 in Karlsbad. Die Wirkung der wenig später erkrankten Monarchin war ungewöhnlich – «ein reicher Gewinn fürs ganze Leben» (Goethe).

Dein Brief, mein geliebter Freund, der mir das große Unheil meldet, welches deinem Hause widerfahren, hat mich sehr gedrückt, ja gebeugt, denn er traf mich in sehr ernsten Betrachtungen über das Leben, und ich habe mich nur an dir selbst wieder aufgerichtet. Du hast dich auf dem schwarzen Probiersteine des Todes als ein echtes, geläutertes Gold aufgestrichen. Wie herrlich ist ein Charakter, wenn er so von Geist und Seele durchdrungen ist, und wie schön muß ein Talent sein, das auf einem solchen Grunde ruht!

Über die Tat oder Untat selbst weiß ich nichts zu sagen. Wenn das taedium vitae den Menschen ergreift, so ist er nur zu bedauern, nicht zu schelten. Daß alle Symptome dieser wunderlichen, so natürlichen als unnatürlichen Krankheit auch einmal mein Innerstes durchrast haben, daran läßt Werther wohl niemand zweifeln. Ich weiß recht gut, was es mich für Entschlüsse und Anstrengungen kostete, damals den Wellen des Todes zu entkommen, sowie ich mich aus manchem spätern Schiffbruch auch mühsam rettete und mühselig erholte.

(19,681)

Dein Brief: *Goethe verwendete hier gegenüber Zelter als Trost zum erstenmal das brüderliche Du.*

das große Unheil: *Zelters Stiefsohn hatte sich in der Nacht des 14. November erschossen.*

taedium vitae: *Lebensüberdruß*

AUS DEM GESPRÄCH MIT JOHANNES DANIEL FALK

JANUAR 1813

An Wielands Begräbnistage . . . bemerkte ich eine so feierliche Stimmung in Goethes Wesen, wie man sie selten an ihm zu sehen gewohnt ist. Es war etwas so Weiches, ich möchte fast sagen, Wehmütiges in ihm, seine Augen glänzten häufig, selbst sein Ausdruck, seine Stimme waren anders als sonst. Dies mochte auch wohl der Grund sein, daß unsere Unterhaltung diesmal eine Richtung ins Übersinnliche nahm, was Goethe in der Regel, wo nicht verschmäht, doch lieber von sich ablehnt; völlig aus Grundsatz, wie mich dünkt, indem er, seinen angebornen Neigungen gemäß, sich lieber auf die Gegenwart und die lieblichen Erscheinungen beschränkt, welche Kunst und Natur in den uns zugänglichen Kreisen dem Auge und der Betrachtung darbieten. Unser abgeschiedener Freund war natürlich der Hauptinhalt unsres Gespräches. Ohne im Gange desselben besonders auszuweichen, fragte ich bei irgend einem Anlasse, wo Goethe die Fortdauer nach dem Tode, wie etwas, das sich von selbst verstehe, voraussetzte: «Und was glauben Sie wohl, daß Wielands Seele in diesen Augenblicken vornehmen möchte?» – «Nichts Kleines, nichts Unwürdiges, nichts mit der sittlichen Größe, die er sein ganzes Leben hindurch behauptete, Unverträgliches», war die Antwort. «Aber, um nicht mißverstanden zu werden, da ich selber von diesen Dingen spreche, müßte ich wohl etwas weiter ausholen. Es ist etwas um ein achtzig Jahre hindurch so würdig und ehrenvoll geführtes Leben; es ist etwas um die Erlangung so geistig zarter Gesinnungen, wie sie in Wielands Seele so angenehm vorherrschten; es ist etwas um diesen Fleiß, um diese eiserne Beharrlichkeit und Ausdauer, worin er uns alle miteinander übertraf!» – «Möchten Sie ihm wohl einen Platz bei seinem Cicero anweisen, mit dem er sich noch bis an den Tod so fröhlich beschäftigte?» – «Stört mich nicht, wenn ich dem Gange meiner Ideen eine vollständige und ruhige Entwickelung geben soll! *Von Untergang solcher hohen Seelenkräfte kann in der Natur niemals und unter keinen Umständen die Rede sein;* so verschwenderisch behandelt sie ihre Kapitalien nie. Wielands Seele ist von Natur ein Schatz, ein wahres Kleinod. Dazu kommt, daß sein langes Leben diese geistig schönen Anlagen nicht verringert, sondern vergrößert hat. Noch einmal, bedenkt mir sorgsam diesen Umstand! Raffael war kaum in den Dreißigen, Kepler kaum einige Vierzig, als beide ihrem Leben plötzlich ein Ende machten, indes Wieland –» «Wie?» fiel ich hier Goethe mit einigem Erstaunen ins Wort, «sprechen Sie doch vom Sterben, als ob es ein Akt von Selbständigkeit wäre?» – «Das erlaube ich mir öfters», gab er mir zur Antwort, «und wenn es Ihnen anders gefällt, so will ich Ihnen darüber auch von Grund aus, weil es mir in diesem Augenblicke erlaubt ist, meine Gedanken sagen.»

Ich bat ihn dringend, mir dieselben nicht vorzuenthalten. «Sie wissen längst», hub er an, «daß Ideen, die eines festen Fundaments in der Sinnenwelt entbehren, bei all ihrem übrigen Werte für mich keine Überzeugung mit sich führen, weil ich, der Natur gegenüber, wissen, nicht aber bloß vermuten und glauben will. Was nun die persönliche Fortdauer unserer Seele nach dem Tode betrifft, so ist es damit auf meinem Wege also beschaffen. Sie steht keineswegs mit den vieljährigen Beobachtungen, die ich über die Beschaffenheit unserer und aller Wesen in der Natur angestellt, im Widerspruch; im Gegenteil, sie geht sogar aus denselben mit neuer Beweiskraft hervor. Wie viel aber, oder wie wenig von dieser Persönlichkeit übrigens verdient, daß es fortdauere, ist eine andere Frage und ein Punkt, den wir Gott überlassen müssen. Vorläufig will ich nur dieses zuerst bemerken: ich nehme verschiedene Klassen und Rangordnungen der letzten Urbestandteile aller Wesen an, gleichsam der Anfangspunkte aller Erscheinungen in der Natur, die ich *Seelen* nennen möchte, weil von ihnen die Beseelung des Ganzen ausgeht, oder noch lieber *Monaden* – lassen Sie uns immer diesen Leibnizischen Ausdruck beibehalten! Die Einfachheit des einfachsten Wesens auszudrücken, möchte es kaum einen bessern geben. – Nun sind einige von diesen Monaden oder Anfangspunkten, wie uns die Erfahrung zeigt, so klein, so geringfügig, daß sie sich höchstens nur zu einem untergeordneten Dienst und Dasein eignen. Andere dagegen sind gar stark und gewaltig. Die letzten pflegen daher alles, was sich ihnen naht, in ihren Kreis zu reißen und in ein ihnen Angehöriges, das heißt in einen Leib, in eine Pflanze, in ein Tier, oder noch höher herauf, in einen Stern zu verwandeln. Sie setzen dies so lange fort, bis die kleine oder große Welt, deren Intention geistig in ihnen liegt, auch nach außen leiblich zum Vorschein kommt. Nur die letzten möchte ich eigentlich Seelen nennen. Es folgt hieraus, daß es Weltmonaden, Weltseelen, wie Ameisenmonaden, Ameisenseelen gibt, und daß beide in ihrem Ursprunge, wo nicht völlig eins, doch im Urwesen verwandt sind.»

«Jede Sonne, jeder Planet trägt in sich eine höhere Intention, einen höheren Auftrag, vermöge dessen seine Entwickelungen ebenso regelmäßig und nach demselben Gesetze, wie die Entwickelungen eines Rosenstockes durch Blatt, Stiel und Krone, zustande kommen müssen. Mögen Sie dies eine Idee oder eine Monade nennen, wie Sie wollen, ich habe auch nichts dawider; genug, daß diese Intention unsichtbar und früher, als

die sichtbare Entwickelung aus ihr in der Natur, vorhanden ist. Die Larven der Mittelzustände, welche diese Idee in den Übergängen vornimmt, dürfen uns dabei nicht irre machen. Es ist immer nur dieselbe Metamorphose oder Verwandlungsfähigkeit der Natur, die aus dem Blatte eine Blume, eine Rose, aus dem Ei eine Raupe und aus der Raupe einen Schmetterling heraufführt. Übrigens gehorchen die niedern Monaden einer höhern, weil sie eben gehorchen müssen, nicht aber, daß es ihnen besonders zum Vergnügen gereichte. Es geht dieses auch im ganzen sehr natürlich zu. Betrachten wir zum Beispiel diese Hand. Sie enthält Teile, welche der Hauptmonas, die sie gleich bei ihrer Entstehung unauflöslich an sich zu knüpfen wußte, jeden Augenblick zu Dienste stehen. Ich kann dieses oder jenes Musikstück vermittelst derselben abspielen; ich kann meine Finger, wie ich will, auf den Tasten eines Klaviers umherfliegen lassen. So verschaffen sie mir allerdings einen geistig schönen Genuß; sie selbst aber sind taub, nur die Hauptmonas hört. Ich darf also voraussetzen, daß meiner Hand oder meinen Fingern wenig oder gar nichts an meinem Klavierspiele gelegen ist. Das Monadenspiel, wodurch ich mir ein Ergetzen bereite, kommt meinen Untergebenen wenig zugute, außer, daß ich sie vielleicht ein wenig ermüde. Wie weit besser stände es um ihr Sinnenvergnügen, könnten sie, wozu allerdings eine Anlage in ihnen vorhanden ist, anstatt auf den Tasten meines Klaviers müßig herumzufliegen, lieber als emsige Bienen auf den Wiesen umherschwärmen, auf einem Baume sitzen oder sich an dessen Blütenzweigen ergetzen. Der Moment des Todes, der darum auch sehr gut eine Auflösung heißt, ist eben der, wo die regierende Hauptmonas alle ihre bisherigen Untergebenen ihres treuen Dienstes entläßt. Wie das Entstehen, so betrachte ich auch das Vergehen als einen selbständigen Akt dieser, nach ihrem eigentlichen Wesen uns völlig unbekannten Hauptmonas.»

«Alle Monaden aber sind von Natur so unverwüstlich, daß sie ihre Tätigkeit im Moment der Auflösung selbst nicht einstellen oder verlieren, sondern noch in demselben Augenblicke wieder fortsetzen. So scheiden sie nur aus den alten Verhältnissen, um auf der Stelle wieder neue einzugehen. Bei diesem Wechsel kommt alles darauf an, wie mächtig die Intention sei, die in dieser oder jener Monas enthalten ist. Die Monas einer gebildeten Menschenseele und die eines Bibers, eines Vogels, oder eines Fisches, das macht einen gewaltigen Unterschied. Und da stehen wir wieder an den Rangordnungen der Seelen, die wir gezwungen sind anzunehmen, sobald wir uns die Erscheinungen der Natur nur einigermaßen erklären wollen. Swedenborg hat dies auf seine Weise versucht und bedient sich zur Darstellung seiner Ideen eines Bildes, das nicht glücklicher gewählt sein kann. Er vergleicht nämlich den Aufenthalt, worin sich die Seelen befinden, mit einem in drei Hauptgemächer eingeteilten Raume, in dessen Mitte ein großer befindlich ist. Nun wollen wir annehmen, daß aus diesen verschiedenen Gemächern sich auch verschiedene Kreaturen, zum Beispiel Fische, Vögel, Hunde, Katzen in den großen Saal begeben; eine freilich sehr gemengte Gesellschaft! Was wird davon die unmittelbare Folge sein? Das Vergnügen, beisammen zu sein, wird bald genug aufhören; aus den einander so heftig entgegengesetzten Neigungen wird sich ein ebenso heftiger Krieg entspinnen; am Ende wird sich das Gleiche zum Gleichen, die Fische zu den Fischen, die Vögel zu den Vögeln, die Hunde zu den Hunden, die Katze zu den Katzen gesellen, und jede von diesen besondern Gattungen wird auch, wo möglich, ein besonders Gemach einzunehmen suchen. Da haben wir völlig die Geschichte von unsern Monaden nach ihrem irdischen Ableben. Jede Monade geht, wo sie hingehört, ins Wasser, in die Luft, in die Erde, ins Feuer, in die Sterne; ja der geheime Zug, der sie dahin führt, enthält zugleich das Geheimnis ihrer zukünftigen Bestimmung.»

«An eine Vernichtung ist gar nicht zu denken; aber von irgend einer mächtigen und dabei gemeinen Monas unterwegs angehalten und ihr untergeordnet zu werden, diese Gefahr hat allerdings etwas Bedenkliches, und die Furcht davor wüßte ich auf dem Wege einer bloßen Naturbetrachtung meinesteils nicht ganz zu beseitigen.»

Indem ließ sich ein Hund auf der Straße mit seinem Gebell zu wiederholten Malen vernehmen. Goethe, der von Natur eine Antipathie wider alle Hunde besitzt, fuhr mit Heftigkeit ans Fenster und rief ihm entgegen: «Stelle dich wie du willst, Larve, mich sollst du doch nicht unterkriegen!» Höchst befremdend für den, der den Zusammenhang Goethescher Ideen nicht kennt; für den aber, der damit bekannt ist, ein humoristischer Einfall, der eben am rechten Orte war!

«Dies niedrige Weltgesindel», nahm er nach einer Pause und etwas beruhigter wieder das Wort, «pflegt sich über die Maßen breit zu machen; es ist ein wahres Monadenpack, womit wir in diesem Planetenwinkel zusammengeraten sind, und möchte wenig Ehre von dieser Gesellschaft, wenn sie auf andern Planeten davon hörten, für uns zu erwarten sein.»

Ich fragte weiter: ob er wohl glaube, daß die Übergänge aus diesen Zuständen für die Monaden selbst mit Bewußtsein verbunden wären? Worauf Goethe erwiderte: «Daß es einen allgemein historischen Überblick, sowie daß es höhere Naturen, als wir selbst, unter den Monaden geben könne, will ich nicht in Abrede sein. Die Intention einer Weltmonade kann und wird manches aus dem dunkeln Schoße ihrer Erinnerung hervorbringen, das wie Weissagung aussieht und doch im Grunde nur dunkle Erinnerung eines abgelaufenen Zustandes, folglich Gedächtnis ist; völlig wie das menschliche Genie die Gesetztafeln über die Entstehung des Weltalls entdeckte, nicht durch trockne Anstrengung, sondern durch einen ins Dunkel fallenden Blitz der Erinnerung, weil es bei deren Abfassung selbst zugegen war. Es würde vermessen sein, solchen Aufblitzen im Gedächtnis höherer Geister ein Ziel zu setzen, oder den Grad, in welchem sich diese Erleuchtung halten müßte, zu bestimmen. So im allgemeinen und historisch gefaßt, finde ich in der Fortdauer von Persönlichkeit einer Weltmonas durchaus nichts Undenkbares.»

«Was uns selbst zunächst betrifft, so scheint es fast, als ob die von uns früher durchgangenen Zustände dieses Planeten im ganzen zu unbedeutend und zu mittelmäßig seien, als daß vieles daraus in den Augen der Natur einer zweiten Erinnerung wert gewesen wäre. Selbst unser jetziger Zustand möchte einer großen Auswahl bedürfen, und unsere Hauptmonas wird ihn wohl ebenfalls künftig einmal summarisch, das heißt in einigen großen historischen Hauptpunkten zusammenfassen»...

«Wollen wir uns einmal auf Vermutungen einlassen», setzte Goethe hierauf seine Betrachtungen weiter fort, «so sehe ich wirklich nicht ab, was die Monade, welcher wir Wielands Erscheinung auf unsern Planeten verdanken, abhalten sollte, in ihrem neuen Zustande die höchsten Verbindungen dieses Weltalls einzugehen. Durch ihren Fleiß, durch ihren Eifer, durch ihren Geist, womit sie so viele weltgeschichtliche Zustände in sich aufnahm, ist sie zu allem berechtigt. Ich würde mich so wenig wundern, daß ich es sogar meinen Ansichten völlig gemäß finden müßte, wenn ich einst diesem Wieland als

einer Weltmonade, als einem Stern erster Größe, nach Jahrtausenden wieder begegnete und sähe und Zeuge davon wäre, wie er mit seinem lieblichen Lichte alles, was ihm irgend nahe käme, erquickte und aufheiterte. Wahrlich, das nebelartige Wesen irgend eines Kometen in Licht und Klarheit zu verfassen, das wäre wohl für die Monas unsers Wielands eine erfreuliche Aufgabe zu nennen; wie denn überhaupt, sobald man die Ewigkeit dieses Weltzustandes denkt, sich für Monaden durchaus keine andere Bestimmung annehmen läßt, als daß sie ewig auch ihrerseits an den Freuden der Götter als selig mitschaffende Kräfte teilnehmen. Das Werden der Schöpfung ist ihnen anvertraut. Gerufen oder ungerufen, sie kommen von selbst auf allen Wegen, von allen Bergen, aus allen Meeren, von allen Sternen; wer mag sie aufhalten? Ich bin gewiß, wie Sie mich hier sehen, schon tausendmal dagewesen und hoffe wohl noch tausendmal wiederzukommen.» – «Um Verzeihung», fiel ich ihm hier ins Wort: «ich weiß nicht, ob ich eine Wiederkunft ohne Bewußtsein eine Wiederkunft nennen möchte! Denn *wieder* kommt nur derjenige, welcher weiß, daß er zuvor dagewesen ist. Auch Ihnen sind bei Betrachtungen der Natur glänzende Erinnerungen und Lichtpunkte aus Weltzuständen aufgegangen, bei welchen Ihre Monas vielleicht selbsttätig zugegen war; aber alles dieses steht doch nur auf einem Vielleicht; ich wollte doch lieber, daß wir über so wichtige Dinge eine größere Gewißheit zu erlangen imstande wären, als die wir uns durch Ahnungen und jene Blitze des Genies verschaffen, welche zuweilen den dunkeln Abgrund der Schöpfung erleuchten. Sollten wir unserm Ziele nicht näher gelangen, wenn wir eine liebende Hauptmonas im Mittelpunkte der Schöpfung voraussetzten, die sich aller untergeordneten Monaden dieses ganzen Weltalls auf dieselbe Art und

Weise bediente, wie sich unsere Seele der ihr zum Dienste untergebenen geringern Monaden bedient?» – «Ich habe gegen diese Vorstellung, als Glauben betrachtet, nichts», gab Goethe hierauf zur Antwort; «nur pflege ich auf Ideen, denen keine sinnliche Wahrnehmung zum Grunde liegt, keinen ausschließenden Wert zu legen. Ja, wenn wir unser Gehirn und den Zusammenhang desselben mit dem Uranus und die tausendfältigen einander durchkreuzenden Fäden kennten, worauf der Gedanke hin- und herläuft! So aber werden wir der Gedankenblitze immer dann erst inne, wann sie einschlagen. Wir kennen nur Ganglien, Gehirnknoten; vom Wesen des Gehirns selbst wissen wir so viel als gar nichts. Was wollen wir denn also von Gott wissen? Man hat es Diderot sehr verdacht, daß er irgendwo gesagt: wenn Gott noch nicht *ist*, so *wird* er vielleicht noch. Gar wohl lassen sich aber, nach meinen Ansichten von der Natur und ihren Gesetzen, Planeten denken, aus welchen die höhern Monaden bereits ihren Abzug genommen, oder wo ihnen das Wort noch gar nicht vergönnt ist. Es gehört eine Konstellation dazu, die nicht alle Tage zu haben ist, daß das Wasser weicht und daß die Erde trocken wird. So gut wie es Menschenplaneten gibt, kann es auch Fischplaneten und Vogelplaneten geben. Ich habe in einer unserer früheren Unterhaltungen den Menschen das erste Gespräch genannt, das die Natur mit Gott hält. Ich zweifle gar nicht, daß dies Gespräch auf andern Planeten viel höher, tiefer und verständiger gehalten werden kann. Uns gehen vor der Hand tausend Kenntnisse dazu ab. Das Erste gleich, was uns mangelt, ist die Selbstkenntnis; nach dieser kommen alle übrigen. Streng genommen kann ich von Gott doch weiter nichts wissen, als wozu mich der ziemlich beschränkte Gesichtskreis von sinnlichen Wahrnehmungen auf diesem Planeten berechtigt, und das ist in allen

Stücken wenig genug. *Damit ist aber keineswegs gesagt, daß durch diese Beschränkung unserer Naturbetrachtungen auch dem Glauben Schranken gesetzt wären. Im Gegenteil kann, bei der Unmittelbarkeit göttlicher Gefühle in uns, der Fall gar leicht eintreten, daß das Wissen als Stückwerk besonders auf einem Planeten erscheinen muß, der, aus seinem ganzen Zusammenhange mit der Sonne herausgerissen, alle und jede Betrachtung unvollkommen läßt, die eben darum erst durch den Glauben ihre vollständige Ergänzung erhält.* Schon bei Gelegenheit der Farbenlehre habe ich bemerkt, daß es Urphänomene gibt, die wir in ihrer göttlichen Einfalt durch unnütze Versuche nicht stören und beeinträchtigen, sondern der Vernunft und dem Glauben übergeben sollen. Versuchen wir von beiden Seiten mutig vorzudringen, nur halten wir zugleich die Grenzen streng auseinander! Beweisen wir nicht, was durchaus nicht zu beweisen ist! Wir werden sonst nur früh oder spät in unserm sogenannten Wissenswerk unsere eigne Mangelhaftigkeit bei der Nachwelt zur Schau tragen. Wo das Wissen genügt, bedürfen wir freilich des Glaubens nicht; wo aber das Wissen seine Kraft nicht bewährt oder ungenügend erscheint, sollen wir auch dem Glauben seine Rechte nicht streitig machen. *Sobald man nur von dem Grundsatz ausgeht, daß Wissen und Glauben nicht dazu da sind, um einander aufzuheben, sondern um einander zu ergänzen, so wird schon überall das Rechte ausgemittelt werden.*»
(B II, 769 ff.)

Das ausführlichste Gespräch über ein mögliches Fortleben im Jenseits führte Goethe mit Falk. Natürlich läßt sich nicht nachweisen, ob dessen Aufzeichnung Zeile für Zeile authentisch ist, doch der Vergleich mit der Makarien-Mythe in den «Wanderjahren» erlaubt anzunehmen, *daß Falk Goethes Hauptgedanken korrekt wiederzugeben vermochte, wie abstrus sich auch der eine und andere Nebengedanke ausnimmt.*

An Wielands Begräbnistage: *der Dichter Christoph Martin Wieland war am 20.1.1813 im Alter von 80 Jahren gestorben.*

bei seinem Cicero: *Anspielung auf die Cicero-Übersetzungen Wielands.*

Monas, Monaden: *soviel wie «Individualitäten» (nach Leibniz).*

AUS DEM GESPRÄCH MIT JOHANNES DANIEL FALK JANUAR 1813

Ich habe mich wohl in acht genommen, weder Herder, Schiller, noch die verwitwete Frau Herzogin Amalia im Sarge zu sehen. Der Tod ist ein sehr mittelmäßiger Porträtmaler. Ich meinerseits will ein seelenvolleres Bild, als seine Masken, von meinen sämtlichen Freunden im Gedächtnis aufbewahren. Also bitte ich es Euch, wenn es dahin kommen sollte, auch einmal mit mir zu halten. Auch will ich es nicht verhehlen, eben das ist es, was mir an Schillers Hingang so ausnehmend gefällt. Unangemeldet und ohne Aufsehen zu machen kam er nach Weimar, und ohne Aufsehen zu machen ist er auch wieder von hinnen gegangen. Die Paraden im Tode sind nicht das, was ich liebe. Zwar ist das Ausstellen der Leichen eine uralte, gute Gewohnheit und sogar nötig fürs Volk und die öffentliche Sicherheit. Es beruht etwas darauf für die Gesellschaft, nicht nur, daß man weiß, *daß* ein Mensch, sondern auch *wie* er gestorben ist. Deshalb, daß man überhaupt stirbt, läßt sich niemand ein graues Haar wachsen; aber jedem von uns muß daran gelegen sein, daß kein Leben früher, als der Naturlauf es gebietet, sei es von geldgierigen Erben oder auf eine andere, jedesmal unbeliebige Weise den Kreisen, worin es sich bewegt, unterschlagen werde. (B II, 768)

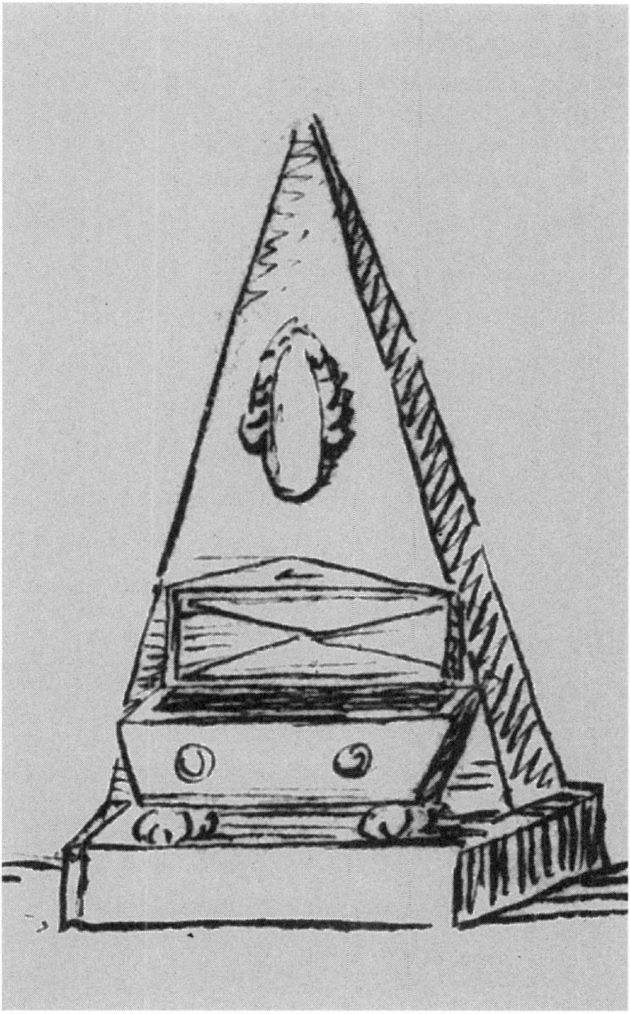

Ob ich Ird'sches denk und sinne,
Das gereicht zu höherem Gewinne.
Mit dem Staube nicht der Geist zerstoben,
Dringet, in sich selbst gedrängt, nach oben.
(3,290)

Sagt es niemand, nur den Weisen,
Weil die Menge gleich verhöhnet,
Das Lebendge will ich preisen
Das nach Flammentod sich sehnet.

In der Liebesnächte Kühlung,
Die dich zeugte, wo du zeugtest,
Überfällt dich fremde Fühlung
Wenn die stille Kerze leuchtet.

Nicht mehr bleibest du umfangen
In der Finsternis Beschattung,
Und dich reißet neu Verlangen
Auf zu höherer Begattung.

Keine Ferne macht dich schwierig,
Kommst geflogen und gebannt,
Und zuletzt, des Lichts begierig,
Bist du Schmetterling verbrannt.

Und so lang du das nicht hast,
Dieses: Stirb und werde!
Bist du nur ein trüber Gast
Auf der dunklen Erde.

(3,299)

DEN 6. JUNI 1816

Du versuchst, o Sonne, vergebens,
Durch die düstren Wolken zu scheinen!
Der ganze Gewinn meines Lebens
Ist, ihren Verlust zu beweinen.

Im Tagebuch heißt es unter dem 6. Juni 1816: «Nahes Ende meiner Frau. Letzter fürchterlicher Kampf ihrer Natur. Sie verschied gegen Mittag. Leere und Totenstille in und außer mir».

AN WILHELM VON HUMBOLDT 24. JUNI 1816

Mit dem Gefühl des Verlustes, in das mich das Abscheiden meiner guten kleinen Frau versetzt, weiß ich nichts tröstlicher, als umherzuschauen, wie viel Gutes und Liebes mir noch übrig bleibe.

Ich mußte mir in diesen Tagen eine wundersame Unterhaltung aufdringen, indem ich den alten Papierkram der Vergangenheit durchsichtete, wo so vieles Angefangene und Verlassene, so viele Vorsätze und Untreuen keine Entschuldigung zulassen, sondern bloß vergönnen im echten orientalischen Sinne an Gottes Barmherzigkeit Anspruch zu machen.
(21,165)

ΔΑΙΜΩΝ, Dämon

Wie an dem Tag, der dich der Welt verliehen,
Die Sonne stand zum Gruße der Planeten,
Bist alsobald und fort und fort gediehen
Nach dem Gesetz, wonach du angetreten.
So mußt du sein, dir kannst du nicht entfliehen,
So sagten schon Sibyllen, so Propheten;
Und keine Zeit und keine Macht zerstückelt
Geprägte Form, die lebend sich entwickelt.

ΤΥΧΗ, das Zufällige

Die strenge Grenze doch umgeht gefällig
Ein Wandelndes, das mit und um uns wandelt;
Nicht einsam bleibst du, bildest dich gesellig,
Und handelst wohl so, wie ein andrer handelt:
Im Leben ists bald hin-, bald widerfällig,
Es ist ein Tand und wird so durchgetandelt.
Schon hat sich still der Jahre Kreis geründet,
Die Lampe harrt der Flamme, die entzündet.

ΕΡΩΣ, Liebe

Die bleibt nicht aus! – Er stürzt vom Himmel nieder,
Wohin er sich aus alter Öde schwang,
Er schwebt heran auf luftigem Gefieder
Um Stirn und Brust den Frühlingstag entlang,
Scheint jetzt zu fliehn, vom Fliehen kehrt er wieder:
Da wird ein Wohl im Weh, so süß und bang.
Gar manches Herz verschwebt im Allgemeinen,
Doch widmet sich das edelste dem Einen.

ΑΝΑΓΚΗ, Nötigung

Da ists denn wieder, wie die Sterne wollten:
Bedingung und Gesetz; und aller Wille
Ist nur ein Wollen, weil wir eben sollten,
Und vor dem Willen schweigt die Willkür stille;
Das Liebste wird vom Herzen weggescholten,
Dem harten Muß bequemt sich Will und Grille.
So sind wir scheinfrei denn nach manchen Jahren
Nur enger dran, als wir am Anfang waren.

ΕΛΠΙΣ, Hoffnung

Doch solcher Grenze, solcher ehrnen Mauer
Höchst widerwärtge Pforte wird entriegelt,
Sie stehe nur mit alter Felsendauer!
Ein Wesen regt sich leicht und ungezügelt:
Aus Wolkendecke, Nebel, Regenschauer
Erhebt sie uns, mit ihr, durch sie beflügelt,
Ihr kennt sie wohl, sie schwärmt durch alle Zonen –
Ein Flügelschlag – und hinter uns Äonen!
(1,523 f.)

Die einzelnen Strophen versuchen – im Anschluß an alte Weisheitslehren – in Bildern zu konzentrieren, was der Mensch ist und welche Fundamentalkräfte ihn bestimmen. Die einzelnen Mächte sind nicht isoliert zu denken: Das Charakteristische der Person gehört wie das Zufällige der gesellschaftlichen Konditionen, wie der Eros und die Notwendigkeit, der wir als geschichtliche Wesen unterworfen sind, zur Daseinsganzheit. Wichtig ist wieder, daß Goethe nicht – wie die orphischen Denker – mit Ananke endet, sondern mit Elpis, der Hoffnung, die über das Leben hinausweist.

AUS DEM GESPRÄCH MIT CAROLINE FREIFRAU VON EGLOFFSTEIN

29. APRIL 1818

Nach manchen scherzhaften Äußerungen ging er allmählich auf die wichtigsten Anliegen der Menschen über. Mit der größten Klarheit und Wärme sprach er von Religion und sittlicher Bildung als den Hauptzwecken der Staatsanstalten. Er sagte unter andern: Das Vermögen, jedes Sinnliche zu veredeln und den totesten Stoff durch Vermählung mit der geistigen Idee zu beleben, ist die sicherste Bürgschaft unsers überirdischen Ursprungs, und wie sehr wir auch durch tausend und abertausend Erscheinungen dieser Erde angezogen und gefesselt werden, so zwingt uns doch eine innige Sehnsucht, den Blick immer wieder zum Himmel zu erheben, weil ein unerklärbares tiefes Gefühl uns die Überzeugung gibt, daß wir Bürger jener Welten sind, die so geheimnisvoll über uns leuchten, und wir einst dahin zurückkehren werden. (B III/1,58)

DICHTER. Nicht so vieles Federlesen!
Laß mich immer nur herein:
Denn ich bin ein Mensch gewesen
Und das heißt ein Kämpfer sein.

Schärfe deine kräftgen Blicke!
Hier durchschaue diese Brust,
Sieh der Lebenswunden Tücke,
Sieh der Liebeswunden Lust.

Und doch sang ich gläubger Weise:
Daß mir die Geliebte treu,
Daß die Welt, wie sie auch kreise,
Liebevoll und dankbar sei.

Mit den Trefflichsten zusammen
Wirkt ich, bis ich mir erlangt
Daß mein Nam in Liebesflammen
Von den schönsten Herzen prangt.

Nein! du wählst nicht den Geringern!
Gib die Hand, daß Tag für Tag
Ich an deinen zarten Fingern
Ewigkeiten zählen mag.
(3,391 f.)

HÖHERES UND HÖCHSTES (WEST-ÖSTLICHES DIVAN)

23. SEPTEMBER 1818

Daß wir solche Dinge lehren
Möge man uns nicht bestrafen:
Wie das alles zu erklären,
Dürft ihr euer Tiefstes fragen.

Und so werdet ihr vernehmen:
Daß der Mensch, mit sich zufrieden,
Gern sein Ich gerettet sähe,
So da droben wie hienieden.

Und mein liebes Ich bedürfte
Mancherlei Bequemlichkeiten,
Freuden wie ich hier sie schlürfte
Wünscht ich auch für ewge Zeiten.

So gefallen schöne Gärten,
Blum und Frucht und hübsche Kinder,
Die uns allen hier gefielen,
Auch verjüngtem Geist nicht minder.

Und so möcht ich alle Freunde,
Jung und alt, in eins versammeln,
Gar zu gern in deutscher Sprache
Paradieseswort stammeln.

Doch man horcht nun Dialekten
Wie sich Mensch und Engel kosen,
Der Grammatik, der versteckten,
Deklinierend Mohn und Rosen.

Mag man ferner auch in Blicken
Sich rhetorisch gern ergehen
Und zu himmlischem Entzücken
Ohne Klang und Ton erhöhen.

Ton und Klang jedoch entwindet
Sich dem Worte selbstverständlich,
Und entschiedener empfindet
Der Verklärte sich unendlich.

Ist somit dem Fünf der Sinne
Vorgesehn im Paradiese,
Sicher ist es, ich gewinne
Einen Sinn für alle diese.

Und nun dring ich aller Orten
Leichter durch die ewgen Kreise,
Die durchdrungen sind vom Worte
Gottes rein-lebendger Weise.

Ungehemmt mit heißem Triebe
Läßt sich da kein Ende finden,
Bis im Anschaun ewger Liebe
Wir verschweben, wir verschwinden.
(3,397 f.)

AN CHRISTIAN GOTTLOB V. VOIGT 21. MÄRZ 1819

Verzeihen Sie, verehrtester Freund, wenn ich erst nach vierundzwanzig Stunden Ihre köstlichen Zeilen erwidere. Daß Sie in diesen heiligen Augenblicken von dem Freunde Ihres Lebens Abschied nehmen ist edel und unschätzbar. Ich aber kann Sie nicht loslassen! Wenn gegenwärtige Geliebteste sich auf eine Reise vorbereiten, die sie durch einen Umweg bald wieder zu uns führen soll, so stemmen wir uns dagegen. Sollten wir im ernstesten Falle nicht auch widerspenstig sein? (21,326)

Ihre köstlichen Zeilen: *Voigt hatte auf dem Sterbebett mit zitternder Hand ein Abschiedsbillett an Goethe gesandt. Am 22. März trat der Tod ein.*

AN ANTON VON ZIEGESAR 24. MÄRZ 1819

Der Abschied des ältesten mitwirkenden Freundes muß den Wunsch um Teilnahme von jüngeren auf das lebhafteste erregen, um die Augenblicke des Scheidens durch entschlossene neue Lebenstätigkeit erträglich zu machen. (WA IV, 31,103)

des ältesten mitwirkenden Freundes: *gemeint Christian Gottlob v. Voigt*

AN JOHANN FRIEDRICH ROCHLITZ 18. APRIL 1819

Es ist der Mühe wert gelebt zu haben wenn man sich von solchen Geistern und Gemütern begleitet sieht und sah; es ist eine Lust zu sterben wenn man solche Freunde und Liebhaber hinterläßt, die unser Andenken frisch erhalten, ausbilden und fortpflanzen. (WA IV, 31,127)

solchen Geistern: *gemeint der Adressat des Briefes, welcher Goethe am 14. April 1819 in einem enthusiastischen Brief für ein Festgedicht gedankt hatte.*

AN FRIEDRICH WENZEL 25. JANUAR 1821

Nicht ohne Rührung konnt ich die posthume Gabe unseres guten Bergrat Voigt empfangen; sein Tod war, wie ich höre, seinem Leben gleich; heiter und unbefangen im Geschäft, Liebhaberei und Betragen ließ er jedesmal, als man ihm begegnete oder mit ihm wirkte, einen angenehmen Eindruck zurück. Eben so gelang es ihm, bei seinem Abscheiden den Nachlebenden ein erfreuliches Beispiel zu geben, wie ein so bedeutend-bedenklicher Übergang doch auch zuletzt als etwas Natürliches und Gewöhnliches erscheinen könne.
(WA IV, 34,115)

AN JOHANN FRIEDRICH LUDWIG WACHLER 24. OKTOBER 1819

Es ist der Mühe wert lange zu leben und die mancherlei Pein zu ertragen, die ein unerforschlich waltendes Geschick in unsere Tage mischt, wenn wir zuletzt über uns selbst durch andere aufgeklärt werden, und das Problem unseres Strebens und Irrens sich in der Klarheit der Wirkungen auflöst die wir hervorgebracht haben. (WA IV, 32,81 f.)

AUS «HOWARDS EHRENGEDÄCHTNIS» 1820

Cirrus

Doch immer höher steigt der edle Drang!
Erlösung ist ein himmlisch leichter Zwang.
Ein Aufgehäuftes, flockig löst sichs auf,
Wie Schäflein tripplend, leicht gekämmt zuhauf.
So fließt zuletzt, was unten leicht entstand,
Dem *Vater* oben still in Schoß und Hand.
(1,526)

Dem englischen Naturforscher Luke Howard (1772–1864) gelang es, die Vielzahl der Wolkenformen begrifflich in vier Kategorien zu erfassen. Goethe wechselte Briefe mit ihm und veröffentlichte 1820 zu «Howards Ehrengedächtnis» Strophen über «Stratus», «Cumulus», «Cirrus» und «Nimbus»: genaue Wolkenbeobachtungen, symbolisch gedeutet. – Das Diffundieren des Wasserstoffs in den Weltraum versteht die Cirrus-Strophe sinnbildlich als Übergang eines sichtbaren Phänomens ins Unsichtbare – als Heimkehr und «Erlösung». Die cirröse Wolkenform ist fortan Goethes sublimstes Sinnenbild für Metamorphose und Steigerung des zartesten Materiellen ins Immaterielle, für eine transzendierende Geistigkeit.

EINS UND ALLES

Im Grenzenlosen sich zu finden,
Wird gern der einzelne verschwinden,
Da löst sich aller Überdruß;
Statt heißem Wünschen, wildem Wollen,
Statt lästgem Fordern, strengem Sollen
Sich aufzugeben ist Genuß.

Weltseele, komm, uns zu durchdringen!
Dann mit dem Weltgeist selbst zu ringen,
Wird unsrer Kräfte Hochberuf.
Teilnehmend führen gute Geister,
Gelinde leitend höchste Meister
Zu dem, der alles schafft und schuf.

Und umzuschaffen das Geschaffne,
Damit sichs nicht zum Starren waffne,
Wirkt ewiges, lebendiges Tun.
Und was nicht war, nun will es werden
Zu reinen Sonnen, farbigen Erden;
In keinem Falle darf es ruhn.

Es soll sich regen, schaffend handeln,
Erst sich gestalten, dann verwandeln;
Nur scheinbar stehts Momente still.
Das Ewige regt sich fort in allen:
Denn alles muß in Nichts zerfallen,
Wenn es im Sein beharren will.
(1,514)

Kein Wesen kann zu nichts zerfallen!
Das Ewge regt sich fort in allen,
Am Sein erhalte dich beglückt!
Das Sein ist ewig: denn Gesetze
Bewahren die lebendgen Schätze,
Aus welchen sich das All geschmückt.

Das Wahre war schon längst gefunden,
Hat edle Geisterschaft verbunden;
Das alte Wahre, faß es an!
Verdank es, Erdensohn, dem Weisen,
Der ihr, die Sonne zu umkreisen,
Und dem Geschwister wies die Bahn.

Sofort nun wende dich nach innen:
Das Zentrum findest du da drinnen,
Woran kein Edler zweifeln mag.
Wirst keine Regel da vermissen:
Denn das selbständige Gewissen
Ist Sonne deinem Sittentag.

Den Sinnen hast du dann zu trauen,
Kein Falsches lassen sie dich schauen,
Wenn dein Verstand dich wach erhält.
Mit frischem Blick bemerke freudig
Und wandle, sicher wie geschmeidig,
Durch Auen reichbegabter Welt.

Genieße mäßig Füll und Segen;
Vernunft sei überall zugegen,
Wo Leben sich des Lebens freut.
Dann ist Vergangenheit beständig,
Das Künftige voraus lebendig,
Der Augenblick ist Ewigkeit.

Und war es endlich dir gelungen,
Und bist du vom Gefühl durchdrungen:
Was fruchtbar ist, allein ist wahr –
Du prüfst das allgemeine Walten,
Es wird nach seiner Weise schalten,
Geselle dich zur kleinsten Schar.

Und wie von alters her, im stillen,
Ein Liebewerk nach eignem Willen
Der Philosoph, der Dichter schuf,
So wirst du schönste Gunst erzielen:
Denn edlen Seelen vorzufühlen
Ist wünschenswertester Beruf.
(1,514 ff.)

Das ewig lebendige Weltganze besteht, indem alle Einzelerscheinungen vergehen: Dies ist der Sinn der beiden Schlußverse von «Eins und alles», die Berliner Naturforscher bei ihrer Zusammenkunft isoliert hatten («in goldenen Buchstaben ausgestellt»). Goethe schrieb «Vermächtnis» lange Jahre später, doch, wie der zweite Vers zeigt, im direkten Anschluß und als Korrektur des Mißverstandenen in «Eins und alles». Beide Gedichte ziehen die Summe von Goethes Altersweisheit und geben Anweisungen zum wahren Leben.

AN HENRIETTE HASENCLEVER, GEB. SCHLOSSER

5. DEZEMBER 1821

Ihr Schreiben, meine Teuerste, hat mich zu ernsten Betrachtungen aufgefordert. So ist also auch die treffliche Freundin vorangegangen, welche gepaart mit meiner Schwester unsere jugendliche Zirkel versammelte und mit liebevollem Sinn vereinte und regierte; mein ganzes Leben durch hab ich jener schönen Tage gedacht, der himmlischen Milde, des reinen Verstandes, der treuen Anhänglichkeit, womit sich diese nunmehr Abgeschiedene vor so vielen Tausenden auszeichnete. Sie hat ein schönes Alter erreicht und den Hinterbliebenen darf man Glück wünschen, sich an ihrem Beispiel herangebildet zu wissen. (21,480)

die treffliche Freundin: *Johanna Katharina Sibylla Schlosser, geb. Fahlmer (*1744), die zweite Frau von Goethes Schwager Johann Georg Schlosser, der zuerst mit G.s Schwester verheiratet gewesen war. Sie war am 31. Oktober 1821 gestorben.*

AUS DEM GESPRÄCH MIT FRIEDRICH V. MÜLLER 15. MAI 1822

Von 8 bis 10 bei Goethe. Gespräch über religiöse Gegenstände, veranlaßt durch Thiemes Geschichte. Kecke Äußerung über christliche Geschichte. «Den Beweis der Unsterblichkeit muß jeder in sich selbst tragen, außer dem kann er nicht gegeben werden.»

«Wohl ist alles in der Natur Wechsel, aber hinter dem Wechselnden ruhet ein *Ewiges.*» (B III/1,367)

Thiemes Geschichte: *Anspielung auf die Angriffe, die der Ilmenauer Diakon Thieme von der Kanzel gegen die Obrigkeit gerichtet hatte.*

CHOR. *Trauergesang.*

Nicht allein! – wo du auch weilest!
Denn wir glauben dich zu kennen,
Ach, wenn du dem Tag enteilest,
Wird kein Herz von dir sich trennen.
Wüßten wir doch kaum zu klagen,
Neidend singen wir dein Los:
Dir in klar- und trüben Tagen
Lied und Mut war schön und groß.

Ach, zum Erdenglück geboren,
Hoher Ahnen, großer Kraft,
Leider früh dir selbst verloren,
Jugendblüte weggerafft!
Scharfer Blick, die Welt zu schauen,
Mitsinn jedem Herzensdrang,
Liebesglut der besten Frauen
Und ein eigenster Gesang.

Doch du ranntest unaufhaltsam
Frei ins willenlose Netz;
So entzweitest du gewaltsam
Dich mit Sitte, mit Gesetz;
Doch zuletzt das höchste Sinnen
Gab dem reinen Mut Gewicht,
Wolltest Herrliches gewinnen,
Aber es gelang dir nicht.

Wem gelingt es? – Trübe Frage,
Der das Schicksal sich vermummt,
Wenn am unglückseligsten Tage
Blutend alles Volk verstummt.
Doch erfrischet neue Lieder,
Steht nicht länger tief gebeugt:
Denn der Boden zeugt sie wieder,
Wie von je er sie gezeugt.

Völlige Pause. Die Musik hört auf.

(5.454 ff.)

Der «Trauergesang» gilt Euphorion, Fausts und Helenas Sohn, einer individuellen Gestalt mit vielfältiger Bedeutung: Der Jüngling, Verkörperung der romantischen Poesie, spielt mit der Liebe, dem Leben und meint, für große Ziele in den Krieg ziehen zu sollen. Fausts Sohn vermißt sich, zu fliegen, doch stürzt er, ein zweiter Ikarus, ab. Aus dem Hades ruft er nach seiner Mutter: «Laß mich im düstern Reich, / Mutter, mich nicht allein!»

Daran schließt der Chor an, der wie in der griechischen Tragödie nicht nur das zu früh abgebrochene individuelle Leben beklagt, vielmehr in seine Trauer die Vergeblichkeit allen menschlichen Mühens aufnimmt.

Euphorion: *der Sohn Fausts und Helenas, hinter dem sich hier auch der von Goethe hochgeschätzte, jung verstorbene englische Dichter Lord Byron verbirgt.*

Von der frühsten, im Herzen wohlgekannten, mit Augen nie gesehenen, teuren Freundin endlich wieder einmal Schriftzüge des traulichsten Andenkens zu erhalten war mir höchst erfreulich-rührend; und doch zaudere ich unentschlossen, was zu erwidern sein möchte. Lassen Sie mich im Allgemeinen bleiben, da von besondern Zuständen uns wechselseitig nichts bekannt ist.

Lange leben heißt gar vieles überleben, geliebte, gehaßte, gleichgültige Menschen, Königreiche, Hauptstädte, ja Wälder und Bäume, die wir jugendlich gesäet und gepflanzt. Wir überleben uns selbst und erkennen durchaus noch dankbar, wenn uns auch nur einige Gaben des Leibes und Geistes übrig bleiben. Alles dieses Vorübergehende lassen wir uns gefallen; bleibt uns nur das Ewige jeden Augenblick gegenwärtig, so leiden wir nicht an der vergänglichen Zeit.

Redlich habe ich es mein Lebelang mit mir und andern gemeint und bei allem irdischen Treiben immer aufs Höchste hingeblickt; Sie und die Ihrigen haben es auch getan. Wirken wir also immerfort, so lang es Tag für uns ist, für andere wird auch eine Sonne scheinen, sie werden sich an ihr hervortun und uns indessen ein helleres Licht erleuchten.

Und so bleiben wir wegen der Zukunft unbekümmert! In unseres Vaters Reiche sind viel Provinzen, und da er uns hier zu Lande ein so fröhliches Ansiedeln bereitete, so wird drüben gewiß auch für beide gesorgt sein; vielleicht gelingt alsdann, was uns bis jetzo abging, uns angesichtlich kennen zu lernen und uns desto gründlicher zu lieben. Gedenken Sie mein in beruhigter Treue.

Vorstehendes war bald nach der Ankunft Ihres lieben Briefes geschrieben, allein ich wagte nicht es wegzuschicken, denn mit einer ähnlichen Äußerung hatte ich schon früher Ihren edlen wackern Bruder [Friedrich Leopold] wider Wissen und Willen verletzt. Nun aber, da ich von einer tödlichen Krankheit ins Leben wieder zurückkehre, soll das Blatt dennoch zu Ihnen, unmittelbar zu melden: daß der Allwaltende mir noch gönnt, das schöne Licht seiner Sonne zu schauen; möge der Tag Ihnen gleichfalls freundlich erscheinen und Sie meiner im Guten und Lieben gedenken, wie ich nicht aufhöre mich jener Zeiten zu erinnern, wo das noch vereint wirkte, was nachher sich trennte.

Möge sich in den Armen des alliebenden Vaters alles wieder zusammenfinden. wahrhaft anhänglich

Goethe

(21,533 ff.)

teuren Freundin: *nach einer Pause von 40 Jahren hatte sich Goethes Jugendfreundin, Auguste v. Bernstorff, in einem Brief vom 15.–23. Oktober 1822 an ihn gewandt und ihn beschworen, zum Glauben der Jugend zurückzufinden. Vgl. das Nachwort, S. 150.*

von einer tödlichen Krankheit: *im Februar war Goethe ernstlich erkrankt.*

AUS DEM GESPRÄCH MIT FRIEDRICH V. MÜLLER
19. OKTOBER 1823

Goethe sprach sich bestimmt aus: Es sei einem denkenden Wesen durchaus unmöglich, sich ein Nichtsein, ein Aufhören des Denkens und Lebens zu denken; insoferne trage jeder den Beweis der Unsterblichkeit in sich, selbst und ganz unwillkürlich. Aber sobald man objektiv aus sich heraustreten wolle, sobald man dogmatisch eine persönliche Fortdauer nachweisen, begreifen wolle, so verliere man sich in Widersprüche. Der Mensch sei aber demohngeachtet stets getrieben, das Unmögliche synthesieren (vereinigen) zu wollen. Fast alle Gesetze seien Synthesen des Unmöglichen, zum Beispiel das Institut der Ehe. Und doch sei es gut, daß dem so sei, es werde dadurch das Möglichste erstrebt, daß man das Unmögliche postuliere. (B III/1,603 f.)

AN KARL FRIEDRICH ZELTER 9. JANUAR 1824

Hier liegt auch ein Brief von meiner Mutter bei den du wünschtest; darin, wie in jeder ihrer Zeilen, spricht sich der Charakter einer Frau aus, die, in alttestamentlicher Gottesfurcht, ein tüchtiges Leben voll Zuversicht auf den unwandelbaren Volks- und Familiengott zubrachte und als sie sich ihren Tod selbst ankündigte, ihr Leichenbegängnis so pünktlich anordnete daß die Weinsorte und die Größe der Bretzeln, womit die Begleiter erquickt werden sollten, genau bestimmt war. (21,577)

Brief von meiner Mutter: *vom 1. Oktober 1802, den Zelter von Goethe zum Geschenk erhielt.*

«Ich möchte keineswegs das Glück entbehren, an eine künftige Fortdauer zu glauben; ja ich möchte mit Lorenzo von Medici sagen, daß alle diejenigen auch für dieses Leben tot sind, die kein anderes hoffen; allein solche unbegreifliche Dinge liegen zu fern, um ein Gegenstand täglicher Betrachtung und gedankenzerstörender Spekulation zu sein. Und ferner: wer eine Fortdauer glaubt, der sei glücklich im stillen, aber er hat nicht Ursache, sich darauf etwas einzubilden. Bei Gelegenheit von Tiedges Urania indes machte ich die Bemerkung, daß, eben wie der Adel, so auch die Frommen eine gewisse Aristokratie bilden. Ich fand dumme Weiber, die stolz waren, weil sie mit Tiedge an Unsterblichkeit glaubten, und ich mußte es leiden, daß manche mich über diesen Punkt auf eine sehr dünkelhafte Weise examinierte. Ich ärgerte sie aber, indem ich sagte: es könne mir ganz recht sein, wenn nach Ablauf dieses Lebens uns ein abermaliges beglücke; allein ich wolle mir ausbitten, daß mir drüben niemand von denen begegne, die hier daran geglaubt hätten. Denn sonst würde meine Plage erst recht angehen! Die Frommen würden um mich herumkommen und sagen: haben wir nicht recht gehabt? haben wir es nicht vorhergesagt? ist es nicht eingetroffen? Und damit würde denn auch drüben der Langenweile kein Ende sein.

Die Beschäftigung mit Unsterblichkeitsideen», fuhr Goethe fort, «ist für vornehme Stände und besonders für Frauenzimmer, die nichts zu tun haben. Ein tüchtiger Mensch aber, der schon hier etwas Ordentliches zu sein gedenkt und der daher täglich zu streben, zu kämpfen und zu wirken hat, läßt die künftige Welt auf sich beruhen, und ist tätig und nützlich in dieser. Ferner sind Unsterblichkeits-Gedanken für solche, die in Hinsicht auf Glück hier nicht zum besten weggekommen sind, und ich wollte wetten: wenn der gute Tiedge ein besseres Geschick hätte, so hätte er auch bessere Gedanken.» (24,92 f.)

Tiedges Urania: *das Gedicht «Urania» von Christoph August Tiedge (1752–1841) über Gott, Unsterblichkeit und Freiheit gehörte damals zur Modelektüre.*

ECKERMANN 2. MAI 1824

Wir waren indes um das Gehölz, das Webicht, gefahren und bogen in der Nähe von Tiefurt in den Weg nach Weimar zurück, wo wir die untergehende Sonne im Anblick hatten. Goethe war eine Weile in Gedanken verloren, dann sprach er zu mir die Worte eines Alten:

Untergehend sogar ist's immer dieselbige Sonne.

«Wenn einer fünfundsiebzig Jahre alt ist», fuhr er darauf mit großer Heiterkeit fort, «kann es nicht fehlen, daß er mitunter an den Tod denke. Mich läßt dieser Gedanke in völliger Ruhe, denn ich habe die feste Überzeugung, daß unser Geist ein Wesen ist ganz unzerstörbarer Natur; es ist ein fortwirkendes von Ewigkeit zu Ewigkeit. Es ist der Sonne ähnlich, die bloß unsern irdischen Augen unterzugehen scheint, die aber eigentlich nie untergeht, sondern unaufhörlich fortleuchtet.» (24,115 f.)

Webicht: *Waldstück in der Nähe von Weimar*
Untergehend sogar: *Spruch des Nonnos von Panopolis (5. Jh. n. Chr.)*

DER BRÄUTIGAM (WOHL 1824 ENTSTANDEN)

Um Mitternacht, ich schlief, im Busen wachte
Das liebevolle Herz als wär es Tag;
Der Tag erschien, mir war, als ob es nachte,
Was ist es mir, so viel er bringen mag.

Sie fehlte ja, mein emsig Tun und Streben
Für sie allein ertrug ich's durch die Glut
Der heißen Stunde; welch erquicktes Leben
Am kühlen Abend! lohnend war's und gut.

Die Sonne sank und Hand in Hand verpflichtet
Begrüßten wir den letzten Segensblick,
Und Auge sprach, ins Auge klar gerichtet:
Von Osten, hoffe nur, sie kommt zurück.

Um Mitternacht, der Sterne Glanz geleitet
Im holden Traum zur Schwelle, wo sie ruht.
O sei auch mir dort auszuruhn bereitet,
Wie es auch sei, das Leben, es ist gut.
(2,50)

MAXIMEN UND REFLEXIONEN 155

Ich bedauere die Menschen, welche von der Vergänglichkeit der Dinge viel Wesens machen und sich in Betrachtung irdischer Nichtigkeit verlieren. Sind wir ja eben deshalb da, um das Vergängliche unvergänglich zu machen; das kann ja nur dadurch geschehen, wenn man beides zu schätzen weiß. (9,513)

MAXIMEN UND REFLEXIONEN 209

Der Appell an die Nachwelt entspringt aus dem reinen lebendigen Gefühl, daß es ein Unvergängliches gebe und, wenn auch nicht gleich anerkannt, doch zuletzt aus der Minorität sich der Majorität werde zu erfreuen haben. (9,519)

MAXIMEN UND REFLEXIONEN 258

Madame Roland, auf dem Blutgerüste, verlangte Schreibzeug, um die ganz besondern Gedanken aufzuschreiben, die ihr auf dem letzten Wege vorgeschwebt. Schade, daß man ihr's versagte; denn am Ende des Lebens gehen dem gefaßten Geiste Gedanken auf, bisher undenkbare; sie sind wie selige Dämonen, die sich auf den Gipfeln der Vergangenheit glänzend niederlassen. (9,524)

Madame Roland: *Jeanne Marie Roland de la Platière (1754–1793), Gattin des französischen Innenministers, wurde während der Revolution hingerichtet.*

Meine Pflicht und tägliches Bestreben ist daher meinen Austritt aus diesen Zeitlichkeiten meinen Angehörigen und Freunden so wenig als möglich fühlbar werden zu lassen, weshalb ich nur tun möchte was niemand tun kann, alles übrige den jüngeren Tätigen, naturgemäß länger Dauernden sorgfältig zu übergeben, das Innere zu besorgen und in alles Äußere dieselben sorgfältig einzuweihen.

Jede Annäherung des Herrn v. Cotta zu meinem Sohn, jede abschließliche Verbindung mit demselben würde mir von höchstem Werte sein wenn ich noch selbst Amen dazu sagen könnte.

Lassen Sie sich dieses mein Vorvalet gefallen! Warum sollte man sich das Unvermeidliche verleugnen. (21,642)

Herrn v. Cotta: *der Verleger Johann Friedrich v. Cotta (1764–1832).*

IM ERNSTEN BEINHAUS ... (SCHILLERS RELIQUIEN)

SEPTEMBER 1826

Im ernsten Beinhaus wars, wo ich beschaute,
  Wie Schädel Schädeln angeordnet paßten;
  Die alte Zeit gedacht ich, die ergraute.
Sie stehn in Reih geklemmt, die sonst sich haßten,
  Und derbe Knochen, die sich tödlich schlugen,
  Sie liegen kreuzweis, zahm allhier zu rasten.
Entrenkte Schulterblätter! was sie trugen,
  Fragt niemand mehr, und zierlich tätge Glieder,
  Die Hand, der Fuß, zersteut aus Lebensfugen.
Ihr Müden also lagt vergebens nieder,
  Nicht Ruh im Grabe ließ man euch, vertrieben
  Seid ihr herauf zum lichten Tage wieder,
Und niemand kann die dürre Schale lieben,
  Welch herrlich edlen Kern sie auch bewahrte.
  Doch mir Adepten war die Schrift geschrieben,
Die heilgen Sinn nicht jedem offenbarte,
  Als ich inmitten solcher starren Menge
  Unschätzbar herrlich ein Gebild gewahrte,
Daß in des Raumes Moderkält und Enge
  Ich frei und wärmefühlend mich erquickte,
  Als ob ein Lebensquell dem Tod entspränge.
Wie mich geheimnisvoll die Form entzückte!
  Die gottgedachte Spur, die sich erhalten!
  Ein Blick, der mich an jenes Meer entrückte,
Das flutend strömt gesteigerte Gestalten.
  Geheim Gefäß! Orakelsprüche spendend,
  Wie bin ich wert, dich in der Hand zu halten?

Dich höchsten Schatz aus Moder fromm entwendend
Und in die freie Luft, zu freiem Sinnen,
Zum Sonnenlicht andächtig hin mich wendend.
Was kann der Mensch im Leben mehr gewinnen,
Als daß sich Gott-Natur ihm offenbare?
Wie sie das Feste läßt zu Geist verrinnen,
Wie sie das Geisterzeugte fest bewahre.
(1,522)

Im März 1826 mußte das Gewölbe des Jakobsfriedhofs in Weimar geräumt werden, in dem – unter vielen anderen – Schillers sterbliche Überreste 1805 beigesetzt worden waren. Für einige Tage ließ sich Goethe Schillers (mutmaßlichen) Schädel ins Haus holen; das Tagebuch vermerkt am 25. Sept. 1826: «Nachts Terzinen». – In den «Maximen und Reflexionen» heißt es: «Höchst merkwürdig ist, daß von dem menschlichen Wesen das Entgegengesetzte übrig bleibt: Gehäus und Gerüst, worin und womit sich der Geist hinieden genügte, sodann aber die idealen Wirkungen, die in Wort und Tat von ihm ausgingen.»

AN CHRISTIAN GOTTFRIED DANIEL NEES V. ESENBECK
27. SEPTEMBER 1826

Man mag so gern das Leben aus dem Tode betrachten und zwar nicht von der Nachtseite, sondern von der ewigen Tagseite her, wo der Tod immer vom Leben verschlungen wird. (21,704 f.)

AN SULPIZ BOISSERÉE 22. OKTOBER 1826

Verzeihen Sie, mein Bester, wenn ich Ihnen exaltiert scheine; aber da mich Gott und seine Natur so viele Jahre mir selbst gelassen haben, so weiß ich nichts Besseres zu tun, als meine dankbare Anerkennung durch jugendliche Tätigkeit auszudrücken. Ich will des mir gegönnten Glücks, solange es mir auch gewährt sein mag, mich würdig erzeigen und ich verwende Tag und Nacht auf Denken und Tun, wie und damit es möglich sei.

Tag und Nacht ist keine Phrase, denn gar manche nächtliche Stunden, die dem Schicksale meines Alters gemäß ich schlaflos zubringe, widme ich nicht vagen und allgemeinen Gedanken, sondern ich betrachte genau, was den nächsten Tag zu tun? das ich denn auch redlich am Morgen beginne und so weit es möglich durchführe. Und so tu ich vielleicht mehr und vollende sinnig in zugemessenen Tagen, was man zu einer Zeit versäumt, wo man das Recht hat, zu glauben oder zu wähnen, es gebe noch Wiedermorgen und Immermorgen. (21,710)

AN WALTER SCOTT 16. JANUAR 1827

Indes gereicht den Überlebenden zum besten Troste, wenn sie umhersehen und sich überzeugen, daß, wie der Abgeschiedene nicht allein stand, sondern in Liebe, Freundschaft, Zutrauen gar manchen Guten an sich zog, auch sie nicht allein stehen, sondern einer geistigen Vereinigung mit vielen wackern Männern, die sich mit jenem verbunden fühlten, als der wichtigsten Erbschaft sich erfreuen dürfen. (21,716)

der Abgeschiedene: *Lord Byron (gestorben am 19. April 1824)*

Und so habe ich denn, das endliche Ende vorzubereiten, auf unserm neuen *lieu de repos*, neben der Fürstlichen Gruft, ein anständiges Gehäus projectirt, wo sie dereinst meine Exuvien und die Schillerschen wiedergewonnenen Reste zusammen unterbringen mögen. Die Freunde v. Müller, Coudray und ein wohldenkender Bürgermeister haben die Ausführung unternommen, und ich glaube auf diese Weise jene rätselhaften Schwankungen zu allgemeiner sittlich-religoser Zufriedenheit aufgelöst und beschwichtigt zu haben. Dieses und sonst noch manches ist in der Anwesenheit des wackern Ernst Schiller verhandelt und abgeschlossen worden. Das Local hat vor, neben und besonders hinter sich aufwärts schöne freie Räume, so daß Weimar sich bald eines *Père la Chaise*-Parks, bei beharrlichem guten Willen und wohlgeleitetem Geschmack, möchte zu erfreuen haben. (WA IV/42,20)

Exuvien: *irdische Hülle*

v. Müller: *der weimarische Kanzler Friedrich v. M. (1779–1849)*

Coudray: *Clemens Wenzeslaus Coudray (1775–1845), Oberbaurat und Architekt in Weimar*

Ernst Schiller: *Sohn des Dichters (1796–1841)*

Père la Chaise-Park: *der berühmte Friedhof in Paris*

Was soll der Freund dem Freunde in solchem Falle erwidern! Ein gleiches Unheil schloß uns auf's engste zusammen, so daß der Verein nicht inniger sein kann. Gegenwärtiges Unglück läßt uns wie wir sind, und das ist schon viel.

Das alte Märchen der tausendmal tausend und immer noch einmal einbrechenden Nacht erzählen sich die Parzen unermüdlich. Lange leben heißt viele überleben, so klingt das leidige Ritornell unseres vaudevilleartig hinschludernden Lebensganges; es kommt immer wieder an die Reihe, ärgert uns und treibt uns doch wieder zu neuem ernstlichen Streben.

Mir erscheint der zunächst mich berührende Personenkreis wie ein Convolut sibyllinischer Blätter, deren eins nach dem andern, von Lebensflammen aufgezehrt, in der Luft zerstiebt und dabei den überbleibenden von Augenblick zu Augenblick höhern Wert verleiht. Wirken wir fort bis wir, vor oder nacheinander, vom Weltgeist berufen in den Äther zurückkehren! Möge dann der ewig Lebendige uns neue Tätigkeiten, denen analog in welchen wir uns schon erprobt, nicht versagen! Fügt er sodann Erinnerung und Nachgefühl des Rechten und Guten was wir hier schon gewollt und geleistet, väterlich hinzu; so würden wir gewiß nur desto rascher in die Kämme des Weltgetriebes eingreifen.

Die entelechische Monade muß sich nur in rastloser Tätigkeit erhalten; wird ihr diese zur andern Natur, so kann es ihr in Ewigkeit nicht an Beschäftigung fehlen. Verzeih diese abstrusen Ausdrücke! man hat sich aber von jeher in solche Regionen verloren, in solchen Sprecharten sich mitzuteilen versucht, da wo die Vernunft nicht hinreichte und wo man doch die Unvernunft nicht wollte walten lassen.

Daß du mitten in deiner Trauer noch des Heftes von Kunst und Altertum gedenkst, freut mich sehr, weil bei dem größten Verlust wir uns sogleich umherschauen müssen, was uns zu erhalten und zu leisten übrig bleibt. (WA IV/42,94 f.)

in solchem Falle: *Antwort auf Zelters Brief vom 12. März, in dem dieser Goethe den plötzlichen Tod seines Sohnes Georg mitgeteilt hatte.*

schloß uns: *vgl. Goethes Brief an Zelter vom 3. Dezember 1812 (vgl. S. 51).*

Ritornell: *gemeint ein Gedicht mit Refrains, also mit Wiederholungen*

vaudevilleartig: *schwankhaft*

entelechische Monade: *soviel wie: Individuum, das sich organisch verwirklicht*

Daß Sie, teurer, verehrter Mann, im Augenblick eines herben Schmerzens Ihre Gedanken mir zuwenden und, mit mir sich unterhaltend, einige Erleichterung fühlen, dies gibt die schönste Überzeugung eines innig geneigten Wohlwollens, eines zarten traulichen Verhältnisses, wie ich von je auch gegen Sie empfinde. Sie beweisen dadurch, daß Sie gewiß seien meines treusten Mitgefühls, einer wahren Teilnahme an jenem Unheil, das eine geistreiche Tätigkeit, ein schönes edles Ausüben des glücklichsten Talents in seinen wertesten Bezügen verletzt und in seinem tiefsten Grunde beschädigt. Auch mir, bei dem schmerzlichsten Mitempfinden Ihres Kummers, will es eine Linderung scheinen, wenn ich sogleich erwidernd Gegenwärtiges an Sie abgehen lasse.

Auch mir in einem langen Leben sind Ereignisse begegnet, die, aus glänzenden Zuständen, eine Reihe von Unglück mir in andern entwickelten; ja es gibt so grausame Augenblicke, in welchen man die Kürze des Lebens für die höchste Wohltat halten möchte, um eine unerträgliche Qual nicht übermäßig lange zu empfinden.

Viele Leidende sind vor mir hingegangen, mir aber war die Pflicht auferlegt, auszudauern und eine Folge von Freude und Schmerz zu ertragen, wovon das Einzelne wohl schon hätte tödlich sein können.

In solchen Fällen blieb nichts weiter übrig als alles, was mir jedesmal von Tätigkeit übrig blieb, abermals auf das regsamste hervorzurufen und, gleich einem, der in einen verderblichen Krieg verwickelt ist, den Kampf so im Nachteil als im Vorteil kräftig fortzusetzen.

Und so hab ich mich bis auf den heutigen Tag durchgeschlagen, wo dem höchsten Glück, das den Menschen über sich selbst erheben möchte, immer noch so viel Mäßigendes beigemischt ist, welches mich von Stund zu Stunde mir selbst angehörig zu sein ermahnt und nötigt. Und wenn ich für mich selbst, um gegen das, was man Tücke des Schicksals zu nennen berechtigt ist, im Gleichgewicht zu bleiben, kein ander Mittel zu finden wußte, so wird es gewiß jedem heilsam werden, der, von der Natur zu edler, freischaffender Tätigkeit bestimmt, das widerwärtige Gefühl unvorhergesehener Hemmung durch eine frisch sich erprobende Kraft zu beseitigen und, insofern es dem Menschen gegeben ist, sich wieder herzustellen trachtet.

Vorstehendes, aus eigensten Erfahrnissen Hergeflossenes möge bezeugen, daß bei dem traurigen Fall, der Sie betroffen, das Andenken früherer Leiden durchaus in meiner Seele rege geworden und daß zugleich alles, was mir hülfreich gewesen, mein Geist wieder hervorrief. Möge diese herzlichste Teilnahme Ihren Schmerz, den sie nicht heilen kann, wenigstens augenblicklich zu lindern das Glück haben. Mit Erwiderung aller freundlichen höchst willkommenen Grüße.

Von Künstlern und Kunstwerken, von Meistern, Gesellen und Schülern lassen Sie mich nächstens reden, und in manchen Anfragen, Wünschen und Hoffnungen meine Teilnahme aussprechen.

treulichst
J. W. v. Goethe

(21,764 ff.)

herben Schmerzens: *Auflösung der Verlobung von Rauchs Tochter unter schweren Anschuldigungen ihres Verlobten*

Ich sah Goethe darauf spät am Abend. Schon ehe ich zu ihm ins Zimmer trat, hörte ich ihn seufzen und laut vor sich hinreden. Er schien zu fühlen, daß in sein Dasein eine unersetzliche Lücke gerissen worden. Allen Trost lehnte er ab und wollte von dergleichen nichts wissen. «Ich hatte gedacht», sagte er, «ich wollte vor Ihm hingehen; aber Gott fügt es, wie er es für gut findet, und uns armen Sterblichen bleibt weiter nichts, als zu tragen und uns empor zu halten, so gut und solange es gehen will.» (24,274)

unersetzliche Lücke: *Tod des Großherzogs Carl August am 14. Juni*

Das Unerträgliche, das man so lange fürchtet, ja voraussieht, wird nicht erträglicher dadurch, daß es in die Wirklichkeit hereintritt; es übt alsdann erst seine eigentliche ganze Gewalt aus.

Viele Tausende sind in dem gegenwärtigen Falle schmerzlich berührt; ein jeder leidet auf seine Weise, und jeder sucht sich nach Art und Verhältnis zu fassen und herzustellen.

Die Frau Großherzogin blieb auch diesmal sich selbst gleich; ihr Schmerz war jedoch desto empfindlicher, als sie in den letzten Jahren die feste Hoffnung gehegt hatte, sie werde vor ihm hingehen.

Die jungen Herrschaften mit Prinzeß Auguste reisten nach Petersburg, die Frau Großherzogin mit Prinz Alexander nach Wilhelmsthal, der Großherzog war nach Berlin gegangen, um entseelt, mit allen fürstlichen und militärischen Ehren, in das verödete Weimar zurückgebracht zu werden, wo nun die oberen Behörden mit einer würdigen Bestattung beschäftigt sind, die durch manche zweifelhafte Umstände verzögert wird.

Die dem edlen Fürsten wahrhaft angehörigen Hinterbliebenen kennen nun keine weitere Pflicht noch Hoffnung, als seinen herrlichen, in's Allgemeine gehenden Zwecken auch ferner nachzuleben, wozu ihnen der Charakter, die Gesinnung der neu antretenden Gebieter eine ermunternde Aussicht darbietet.

Alles dieses Unerwartete mit seinen Folgen mußte der brave Stieler erleben und erdulden. Glücklicherweise für sein Geschäft war das unternommene Bild vollkommen untermalt, als das Unheil über uns hereinbrach. So wurde denn auch das Ausmalen durch die Exaltation, in die uns jede Leidenschaft versetzt, auf eine sonderbare Weise begünstigt, und sowohl diese als auch einige andere von ihm aufgestellten Arbeiten erschienen wie lichte Punkte den trauernden Beschauern. Es gereicht uns dieses zu desto größerer Zufriedenheit, als wir dem hohen Auftragenden einen glücklichen Erfolg dieses Geschäftes vor Augen gestellt wünschten.

Und so muß sich das fortschreitende Leben zwischen das scheidende einschlingen, um das Gewebe des wechselnden Weltwesens der ewigen Nothwendigkeit gemäß fortzuwirken.

Möge ich nun aber von Ihren Zuständen etwas Tröstliches erfahren. treu verbunden

Weimar den 6. Juli 1828 J. W. v. Goethe

(WA IV/44,170 ff.)

in dem gegenwärtigen Falle: *Tod des Großherzogs Carl August*

Bestattung: *am 9. Juli*

Stieler: *der Maler Karl Joseph St. (1781–1858), der Goethe im Auftrag des bayrischen Königs porträtierte.*

DORNBURG SEPTEMBER 1828

Früh, wenn Tal, Gebirg und Garten
Nebelschleiern sich enthüllen,
Und dem sehnlichsten Erwarten
Blumenkelche bunt sich füllen;

Wenn der Äther, Wolken tragend,
Mit dem klaren Tage streitet,
Und ein Ostwind, sie verjagend,
Blaue Sonnenbahn bereitet;

Dankst du dann, am Blick dich weidend,
Reiner Brust der Großen, Holden,
Wird die Sonne, rötlich scheidend,
Rings den Horizont vergolden.
(2,51)

Nach dem Tod seines großherzoglichen Freundes zog sich Goethe vom 7. Juli bis 11. September auf das hochgelegene Schloß Dornburg zurück.

Betrachten wir uns in jeder Lage des Lebens, so finden wir, daß wir äußerlich bedingt sind, vom ersten Atemzug bis zum letzten; daß uns aber jedoch die höchste Freiheit übrig geblieben ist, uns innerhalb unsrer selbst dergestalt auszubilden, daß wir uns mit der sittlichen Weltordnung in Einklang setzen und, was auch für Hindernisse sich hervortun, dadurch mit uns selbst zum Frieden gelangen können.

Dies ist bald gesagt und geschrieben, steht aber auch nur als Aufgabe vor uns, deren Auflösung wir unsere Tage durchaus zu widmen haben. Jeder Morgen ruft zu: das Gehörige zu tun und das Mögliche zu erwarten.
(21,819)

Bei den unendlich mannigfaltigen Verkreuzungen der irdischen Schicksale lassen wir uns allenfalls dasjenige gefallen, was einem gewissen Naturgang analog zu sein scheint. Wenn die Älteren abgerufen werden, so mag es gelten, denn das ist im Flusse der Jahre doch immer das regelmäßige Hingehen; deswegen wir auch die Geschichte der alten Patriarchen immer mit Vergnügen wieder lesen, weil derjenige, der in hohen Jahren zu seinen Vätern versammelt wird, ebensogut seinen Platz einnimmt als der Bräutigam neben der Braut am Hochzeittage. Dies müssen wir zugeben, weil ja sonst keine Folge der Zustände denkbar wäre.

Kehrt es sich aber um und der Jüngere geht vor dem Ältern hin, so empört es uns, weil wir denken, die Natur sollte wenigstens ebenso vernünftig sein als wir selbst, die wir doch eigentlich nur dadurch Menschen sind, daß wir unsern Zuständen eine gewisse Folge zu geben trachten; weil wir sehr elende Kreaturen wären, wenn wir nicht auf morgen und übermorgen, aufs nächste Jahr und Jahrzehent uns, und was sich mit uns vereint hat, zu versorgen und sicher zu stellen trachteten.

(21,819)

AN JUSTUS CHRISTIAN LODER 2. JANUAR 1829

Mir persönlich bleibt es immer höchst schmerzhaft, so manche große, herrliche, jüngere Person vor mir dahin gehen zu sehen, und dabei nichts übrig als fortzuwirken, so lange es Tag ist, und der früher oder später eintretenden Nacht getrost zu leben. (WA IV/45,105)

ZU ECKERMANN 4. FEBRUAR 1829

Die christliche Religion ist ein mächtiges Wesen für sich, woran die gesunkene und leidende Menschheit von Zeit zu Zeit sich immer wieder emporgearbeitet hat; und indem man ihr diese Wirkung zugesteht, ist sie über aller Philosophie erhaben und bedarf von ihr keiner Stütze. So auch bedarf der Philosoph nicht das Ansehen der Religion, um gewisse Lehren zu beweisen, wie zum Beispiel die einer ewigen Fortdauer.

Der Mensch soll an Unsterblichkeit glauben, er hat dazu ein Recht, es ist seiner Natur gemäß, und er darf auf religiöse Zusagen bauen; wenn aber der Philosoph den Beweis für die Unsterblichkeit unserer Seele aus einer Legende hernehmen will, so ist das sehr schwach und will nicht viel heißen. Die Überzeugung unserer Fortdauer entspringt mir aus dem Begriff der Tätigkeit; denn wenn ich bis an mein Ende rastlos wirke, so ist die Natur verpflichtet, mir eine andere Form des Daseins anzuweisen, wenn die jetzige meinen Geist nicht ferner auszuhalten vermag. (24,307 f.)

ZU ECKERMANN 1. SEPTEMBER 1829

Was hat man nicht alles über Unsterblichkeit philosophiert! und wie weit ist man gekommen! – Ich zweifle nicht an unserer Fortdauer, denn die Natur kann die Entelechie nicht entbehren. Aber wir sind nicht auf gleiche Weise unsterblich, und um sich künftig als große Entelechie zu manifestieren, muß man auch eine sein. (24,371)

Entelechie: *Seele, die durch dauerhafte Tätigkeit nach Vollendung strebt.*

ZU ECKERMANN 15. FEBRUAR 1830

Ich war diesen Vormittag einen Augenblick bei Goethe, um mich im Namen der Frau Großherzogin nach seinem Befinden zu erkundigen. Ich fand ihn betrübt und gedankenvoll und von der gestrigen etwas gewaltsamen Aufgeregtheit keine Spur. Er schien die Lücke, die der Tod in ein fünfzigjähriges freundschaftliches Verhältnis gerissen, heute tief zu empfinden. «Ich muß mit Gewalt arbeiten», sagte er, «um mich oben zu halten und mich in diese plötzliche Trennung zu schicken. Der Tod ist doch etwas so Seltsames, daß man ihn, unerachtet aller Erfahrung, bei einem uns teuren Gegenstande nicht für möglich hält und er immer als etwas Unglaubliches und Unerwartetes eintritt. Er ist gewissermaßen eine Unmöglichkeit, die plötzlich zur Wirklichkeit wird. Und dieser Übergang aus einer uns bekannten Existenz in eine andere, von der wir auch gar nichts wissen, ist etwas so Gewaltsames, daß es für die Zurückbleibenden nicht ohne die tiefste Erschütterung abgeht.»
(24,720 f.)

AUS DEM GESPRÄCH MIT FRIEDRICH V. MÜLLER 16. FEBRUAR 1830

Unvergeßlich bleibt mir jene nächtliche Stunde, wo ich ihn einst ausrufen hörte:

«Glaubt ihr, ein Sarg könne mir imponieren? Kein tüchtiger Mensch läßt seiner Brust den Glauben an Unsterblichkeit rauben!» (B III/2,569)

AN KARL FRIEDRICH ZELTER 21. NOVEMBER 1830

Nemo ante obitum beatus ist ein Wort, das in der Weltgeschichte figuriert, aber eigentlich nichts sagen will. Sollte es mit einiger Gründlichkeit ausgesprochen werden, so müßte es heißen: «Prüfungen erwarte bis zuletzt».

Dir hat es, mein Guter, nicht daran gefehlt, mir auch nicht, und es scheinet, als wenn das Schicksal die Überzeugung habe, man seie nicht aus Nerven, Venen, Arterien und andern daher abgeleiteten Organen, sondern aus Draht zusammengeflochten.

Dank für deinen lieben Brief! hatt ich dir doch auch einmal eine solche Hiobsbotschaft als gastlichen Gruß einzureichen. Dabei wollen wir es denn bewenden lassen.

Das eigentliche Wunderliche und Bedeutende dieser Prüfung ist, daß ich alle Lasten, die ich zunächst, ja mit dem neuen Jahre abzustreifen und einem jünger Lebigen zu übertragen glaubte, nunmehr selbst fortzuschleppen und sogar schwieriger weiter zu tragen habe.

Hier nun allein kann der große Begriff der Pflicht uns aufrecht erhalten. Ich habe keine Sorge, als mich physisch im Gleichgewicht zu bewegen; alles andere gibt sich von selbst. Der Körper muß, der Geist will, und wer seinem Wollen die notwendigste Bahn vorgeschrieben sieht, der braucht sich nicht viel zu besinnen.

Weiter will ich nicht gehen, behalte mir aber doch vor, von diesem Punkte gelegentlich fortzuschreiten. Meine herzlichsten dankbaren Grüße an alle so treulich Teilnehmende.

Weimar den 21. November 1830 treu angehörig

J. W. v. Goethe

(21,949 f.)

Nemo ante obitum beatus: *«niemand ist vor seinem Tode glücklich zu preisen» (Vgl. Herodot I,32,7).*

Hiobsbotschaft: *Nachricht vom Tode von Zelters Tochter Clara am 28. September*

Goethe hatte diesen Brief unter dem Eindruck des Todes seines Sohnes August (27. Oktober in Rom) geschrieben, von dem er am 10. November gehört hatte.

AUS: «NOCH EIN WORT FÜR JUNGE DICHTER» (AUS DEM NACHLASS)

Ihr seid nicht gefördert, wenn ihr eine Geliebte, die ihr durch Entfernung, Untreue, Tod verloren habt, immerfort betrauert. Das ist gar nichts wert, und wenn ihr noch so viel Geschick und Talent dabei aufopfert.

Man halte sich ans fortschreitende Leben und prüfe sich bei Gelegenheiten; denn da beweist sichs im Augenblick, ob wir lebendig sind, und bei späterer Betrachtung, ob wir lebendig waren. (14,399 f.)

FAUST.
Der Erdenkreis ist mir genug bekannt.
Nach drüben ist die Aussicht uns verrannt;
Tor, wer dorthin die Augen blinzelnd richtet,
Sich über Wolken seinesgleichen dichtet!
Er stehe fest und sehe hier sich um:
Dem Tüchtigen ist diese Welt nicht stumm!
Was braucht er in die Ewigkeit zu schweifen?
Was er erkennt, läßt sich ergreifen.
Er wandle so den Erdentag entlang;
Wenn Geister spuken, geh er seinen Gang,
Im Weiterschreiten find er Qual und Glück,
Er, unbefriedigt jeden Augenblick!
(5,504 f.)

In der letzten Stunde seines Lebens – «Um Mitternacht» – gewahrt Faust, wie das Ende in Gestalt der Sorge auf ihn eindringt: «Es klang so nach, als hieß' es – Not, / Ein düstres Reimwort folgte – Tod.» (V. 11400 f.) Obschon er in der Rückschau entdeckt, daß er das Leben nur «durchstürmte», bekennt sich Faust zum Diesseits – und zur Fortsetzung seines Aktionismus, der sich in der Entsumpfung neu gewonnenen Lands verewigen will.

ENGEL

schwebend in der höhern Atmosphäre,
Faustens Unsterbliches tragend.

Gerettet ist das edle Glied
Der Geisterwelt vom Bösen:
Wer immer strebend sich bemüht,
Den können wir erlösen!
Und hat an ihm die Liebe gar
Von oben teilgenommen,
Begegnet ihm die selige Schar
Mit herzlichem Willkommen.
(5.520)

Nach Fausts Tod – «Die Zeit wird Herr, der Greis hier liegt im Sand» – beginnt in mythologischen Bildern zwischen Teufel und Engeln der Streit um Fausts Seele. Diese kann trotz Fausts entsetzlicher Verschuldung errettet werden, da Gnade vor Recht geht und da die Liebe «von oben» das menschliche Streben ergänzt und erlösungswürdig macht.

AN LOUISE ADELE SCHOPENHAUER   10. JANUAR 1831

Unser August ist nicht wieder gekommen. Wenn Geist und Charakter der Hinterbliebenen, wie man fordert, solchen Fällen gewachsen sein sollen, so muß der Körper sich dabei ganz natürlich betragen und bei einer sittlichen Krise zu seiner Erhaltung eine physische erfolgen lassen. Und so war ich denn, meine Gute, dem äußern Anschein nach, schon mit den Fußzehen im Flusse des Vergessens, sollte aber diesmal doch die Barke nicht erreichen. Hierauf denn bleibt mir nichts übrig, als von vorn anzufangen und die mißliche Rolle eines deutschen Hausvaters zu spielen; zwar, wie ich dankbar anerkennen muß, unter den günstigsten äußeren Umständen.
(WA IV/48,78)

unser August: *s. o. S. 118 f.*

ZU ECKERMANN   6. MÄRZ 1831

«Der Mensch», sagt er, «hat verschiedene Stufen, die er durchlaufen muß, und jede Stufe führt ihre besonderen Tugenden und Fehler mit sich, die in der Epoche, wo sie kommen, durchaus als naturgemäß zu betrachten und gewissermaßen recht sind. Auf der folgenden Stufe ist er wieder ein anderer, von den früheren Tugenden und Fehlern ist keine Spur mehr, aber andere Arten und Unarten sind an deren Stelle getreten. Und so geht es fort, bis zu der letzten Verwandlung, von der wir noch nicht wissen, wie wir sein werden.»   (24,470)

AN MORITZ PAUL V. BRÜHL 15. OKTOBER 1831

Im hohen Alter, wo uns die Jahre nach und nach wieder entziehen was sie uns früher so freundlich und reichlich gebracht haben, halte ich für die erste Pflicht gegen uns selbst und gegen die Welt, genau zu bemerken und zu schätzen, was uns noch übrig bleibt. Und was ist schätzenswerter als geprüfter Freunde Dasein, mit denen man viele Jahre einverstanden gehandelt und mit welchen man sich in geistiger Gemeinschaft immerfort näher und ferner bildete. (WA IV/49,113)

AN SULPIZ BOISSERÉE 25. FEBRUAR 1832

Ich habe immer gesucht, das möglichst Erkennbare, Wißbare, Anwendbare zu ergreifen, und habe es zu eigener Zufriedenheit, ja auch zu Billigung anderer darin weit gebracht. Hiedurch bin ich für mich an die Grenze gelangt, dergestalt daß ich da anfange zu glauben wo andere verzweifeln, und zwar diejenigen, die vom Erkennen zuviel verlangen und, wenn sie nur ein gewisses, dem Menschen Beschiedenes erreichen können, die größten Schätze der Menschheit für nichts achten.
(WA IV/49,253 f.)

Die ersten Stunden der folgenden Nacht, vom 19. auf den 20. März, schlief der Kranke sanft, bei vermehrter Hautausdünstung. Gegen Mitternacht wachte er auf, empfand zuerst an den Händen, welche bloß gelegen hatten, und von ihnen aus später dann auch am übrigen Körper, von Minute zu Minute höher steigende Kälte. Zum Frost gesellte sich bald herumziehender reißender Schmerz, der, in den Gliedmaßen seinen Anfang nehmend, binnen kurzer Zeit die äußeren Teile der Brust gleichfalls ergriff, und Beklemmung des Atems, sowie große Angst und Unruhe herbeiführte. Daneben häufiger, schmerzhafter Drang zum Urinlassen. Der sparsam ausgeleerte Harn wasserhell. Die Zufälle wurden immer heftiger; dennoch erlaubte der sonst bei den geringsten Krankheitsbeschwerden nach ärztlicher Hilfe stets so dringend verlangende Kranke dem besorgten Bedienten nicht, mich zu benachrichtigen, «weil ja nur Leiden, aber keine Gefahr vorhanden sei». Erst den andern Morgen um halb neun Uhr wurde ich herbeigeholt. Ein jammervoller Anblick erwartete mich! Fürchterlichste Angst und Unruhe trieben den seit lange nur in gemessenster Haltung sich zu bewegen gewohnten, hochbejahrten Greis mit jagender Hast bald ins Bett, wo er durch jeden Augenblick veränderte Lage Linderung zu erlangen vergeblich suchte, bald auf den neben dem Bette stehenden Lehnstuhl. Die Zähne klapperten ihm vor Frost. Der Schmerz, welcher sich mehr und mehr auf der Brust festsetzte, preßte dem Gefolterten bald Stöhnen, bald lautes Geschrei aus. Die Gesichtszüge waren verzerrt, das Antlitz aschgrau, die Augen tief in ihre livide Höhlen gesunken, matt, trübe; der Blick drückte die gräßlichste Todesangst aus. Der ganze eiskalte Körper triefte von

Schweiß, den ungemein häufigen, schnellen und härtlichen Puls konnte man kaum fühlen, der Unterleib war sehr aufgetrieben; der Durst qualvoll. Mühsam einzeln ausgestoßene Worte gaben die Besorgnis zu erkennen, es möchte wieder ein Lungenblutsturz auf dem Wege sein.

[. . .] Die Besserung nahm bis elf Uhr vormittags deutlich zu. Von da verschlimmerte sich das Befinden. Um zwei Uhr nachmittags erschien der Kranke hinfällig, mit triefendem Schweiße bedeckt, mit sehr kleinem, häufigem, weichem Pulse und kühlen Fingerspitzen. Die äußern Sinne versagten zuweilen ihren Dienst, es stellten sich Momente von Unbesinnlichkeit ein. Dann und wann ließ sich ein leises Rasseln in der Brust vernehmen.

[. . .] Schwerlich hatte Goethe in diesen Momenten ein Vorgefühl seiner nahen Auflösung. Wenigstens entsprachen die Zeichen, welche man auf das Vorhandensein eines solchen Vorgefühls beziehen möchte, denjenigen nicht, deren er sich wohl früher bediente, um anzudeuten, wie er hinsichtlich der mutmaßlichen Dauer des ihm noch beschiedenen Lebensrestes einer Täuschung sich nicht überlasse. Vielmehr gab er in seinen letzten Stunden mehrmals deutliche Beweise von Hoffnung auf Genesung und zwar unter Umständen, – namentlich bei fast völlig abwesender Besinnlichkeit, – welche die Vermutung, er habe nur die Seinigen zu beruhigen beabsichtigt, als ganz unwahrscheinlich darstellen müssen.

Die Sprache wurde immer mühsamer und undeutlicher. «Mehr Licht» sollen, während ich das Sterbezimmer auf einen Moment verlassen hatte, die letzten Worte des Mannes gewesen sein, dem Finsternis in jeder Beziehung stets verhaßt war. Als später die Zunge den Gedanken ihren Dienst versagte, malte er, wie auch wohl früher, wenn irgend ein Gegenstand seinen Geist lebhaft beschäftigte, mit dem Zeigefinger der rechten Hand öfters Zeichen in die Luft, erst höher, mit den abnehmenden Kräften immer tiefer, endlich auf die über seinen Schoß gebreitete Decke. Mit Bestimmtheit unterschied ich einigemal den Buchstaben W und Interpunktionszeichen.

Um halb zwölf Uhr mittags (am 22. März) drückte sich der Sterbende bequem in die linke Ecke des Lehnstuhls, und es währte lange, ehe den Umstehenden einleuchten wollte, daß Goethe ihnen entrissen sei.

So machte ein ungemein sanfter Tod das Glücksmaß eines reich begabten Daseins voll. (B III/2, 873 ff.)

Am andern Morgen nach Goethes Tode ergriff mich eine tiefe Sehnsucht, seine irdische Hülle noch einmal zu sehen. Sein treuer Diener Friedrich schloß mir das Zimmer auf, wo man ihn hingelegt hatte. Auf dem Rücken ausgestreckt, ruhte er wie ein Schlafender; tiefer Friede und Festigkeit waltete auf den Zügen seines erhaben-edlen Gesichts. Die mächtige Stirn schien noch Gedanken zu hegen. Ich hatte das Verlangen nach einer Locke von seinen Haaren, doch die Ehrfurcht verhinderte mich, sie ihm abzuschneiden. Der Körper lag nackend in ein weißes Bettuch gehüllet, große Eisstücke hatte man in einiger Nähe umhergestellt, um ihn frisch zu erhalten solange als möglich. Friedrich schlug das Tuch auseinander, und ich erstaunte über die göttliche Pracht dieser Glieder. Die Brust überaus mächtig, breit und gewölbt; Arme und Schenkel voll und sanft muskulös; die Füße zierlich und von der reinsten Form; und nirgends am ganzen Körper eine Spur von Fettigkeit oder Abmagerung und Verfall. Ein vollkommener Mensch lag in großer Schönheit vor mir, und das Entzücken, das ich darüber empfand, ließ mich auf Augenblicke vergessen, daß der unsterbliche Geist eine solche Hülle verlassen. Ich legte meine Hand auf sein Herz – es war überall eine tiefe Stille – und ich wendete mich abwärts, um meinen verhaltenen Tränen freien Lauf zu lassen. (24,510 f.)

Das folgende Nachwort gibt den Teildruck
einer Abhandlung über Goethes Dichten und Denken
zum Todes- und Unsterblichkeitsthema wieder.

Gewidmet sind diese Blätter
Herrn Prof. Dr. Herbert G. Göpfert
in dankbarer Freundschaft.

W. K.

Goethe – über Leben und Sterben und das Leben im Sterben

Auch wenn die französische Aufklärung den Offenbarungsglauben verwarf und Baron Holbach und andere sogar materialistisch-atheistische Tendenzen vertraten; auch wenn schon die vorkritische Philosophie der Religion strenge Grenzen zog und Glaubenssätze vor der Vernunft sich auszuweisen hatten und sich überdies die rationalistische Theologie in bloßen Tugendlehren erschöpfte, so waren doch Goethe und seine Generationsgenossen von der christlichen Erziehung völlig geprägt. Der Kondolenzbrief vom Februar 1771 aus Straßburg an die Großmutter nimmt die konventionelle Vorstellung auf, der verstorbene Großvater sei «hingegangen», um «an dem Ort der Vergeltung» die Mühsal zu «rühmen», die die Pflege für ihn, den Sterbenden, gefordert hatte. Dies bedeutet: Das Fortleben des Toten wird wie selbstverständlich vorausgesetzt. Dieser fand nach einem tätigen Leben und langer Krankheit seine «ewige Sabbatruhe», die ihm ermöglicht, für die Hinterbliebenen zu bitten. Der Tod befreit vom Irdischen, von Gebrechlichkeit und Alter, die Vorsehung belohnt nach Verdienst und beläßt im Jenseits die individualitätsbewahrende Erinnerung.

Die vielbesprochene «Bekehrung» während der langen Krankheitszeit in Frankfurt hinterließ nur leichte Spuren, denn der Straßburger Goethe spricht vom ewigen Leben, wie dies das populäre Verständnis vorgibt, doch ohne die Menschwerdung Jesu als Bürgschaft für den Einbruch der Ewigkeit in die Zeit zu beachten, ohne die Gemeinschaft mit dem Auferstandenen als Bedingung und die Gnade Gottes, die erst das Gesetz und die Werkgerechtigkeit aufhebt, als Voraussetzung zu nennen. Der junge Pietist übernimmt das unkonturierte Argumentationsmuster seiner Zeit, von dem sich die Paulinischen Schriften grundsätzlich abheben: Paulus setzt in seinen Briefen der Macht des Todes die unauflösliche leibseelische Einheit des ganzen Menschen entgegen, die erst die personale Beziehung zu Gott auch im Jenseits ermögliche.

Nun – ein einzelner Beileidsbrief darf nicht verabsolutiert werden, da er nur einen schmalen Aspekt von Goethes jugendlicher Frömmigkeit preisgibt, doch die Differenz zur christlichen – und besonders zur paulinischen – Dogmatik ist offenkundig und für Goethes ganzes späteres Leben gültig: Die den Gottesbezug zerstörende menschliche Schuld wird sowenig anerkannt wie der Tod als Gericht und als der «Sünde Sold». Daß sich das ewige Leben dem Versöhnungsopfer Christi verdanke, hält der Briefschreiber jetzt und künftig befremdet von sich weg.

Goethe war christlich gesinnt, doch er war seit den Straßburger Tagen kein Christ im strengen Wortsinn. Er verehrte die sittliche Hoheit Christi, ohne sich zu dessen Gottheit zu bekennen. Dem Alten wie dem Neuen Testament, die er von Kindestagen an genau kannte, entnahm Goethe, was ihm gemäß – was in ihm angelegt und zudem vom «Zeitgeist» an ihn herangetragen war. Das Kondolenzschreiben vom Februar 1771 überläßt sich unreflektiert biblischen Vorstellungen, der Enthusiasmus der Shakespeare-Rede vom 14. Oktober 1771 dagegen übergeht – nur ein halbes Jahr später – sogar den christlich gefärbten Jenseits-Glauben und formuliert schon im Eingangssatz die Hoffnung auf Unsterblichkeit: «Mir kommt vor, das sei die edelste von unsern Empfindungen, die Hoffnung, auch dann zu bleiben, wenn das Schicksal uns zur allgemeinen Nonexistenz zurückgeführt zu haben scheint» (HA 12,224). Der scharfe Gegensatz von Leben und Tod, von Sein und Nichtsein wird als bloßer Anschein gemildert, der Wunsch nach Fortleben nicht als möglicher individueller Egoismus abgetan, sondern als «edelste» unserer Empfindungen ausgegeben. Dieses jenseitige «Bleiben» bezieht seinen Impuls aus der Kürze des hiesigen Daseins – aus dem Lebensdrang, der nie an sein Ende kommt, und aus dem unerreichbaren Lebensziel, gleichviel, wann dem «Wanderer» seine Stunde schlägt. In seiner unerträglichen Laune rundet der Tod nicht das individuelle Leben, sondern er bricht es, unerfüllt, ab – zugleich unterbricht er es nur, denn die Haltung im Diesseits bestimmt über die Fortsetzung im Jenseits; im Hiersein geschieht die Vor-«Bereitung für den unendlichen Weg drüben» (HA 12,224). Alle späteren, oft ernsteren und differenzierteren Aussagen Goethes über die Zeit nach und außerhalb der Zeit bedienen sich derselben generellen Prämissen: Der Mensch kommt ans Lebensende, doch nicht an sein Lebensziel. Er kann die willkürlich gesetzte Lebensgrenze nicht anerkennen; der diesseits unabgegoltene Lebenstrieb entscheidet über die jenseitige Fortexistenz des *homo viator* – «Freilich» – so die Shakespeare-Rede im entscheidenden Zusatz – «jeder nach seinem Maß». In dieser dritten Prämisse – jeder nach seinem Maß – meldet sich bereits der unterschiedliche individuelle Anspruch an, den Eckermann fast sechs Jahrzehnte später in dem Lakonismus festhielt: «Wir sind nicht auf gleiche Weise unsterblich» (1. September 1829). Zwar ist die Aussage der Shakespeare-Rede eindeutig, doch sie bedarf der Ergänzung durch den 1772 verfaßten «Brief des Pastors . . .», der sich zur Apokatastasis-(= «Wiederbringungs»-)Lehre des Origenes bekennt, mit der der junge Goethe durch Gottfried Arnold vertraut wurde. Diese Wiederherstellung der Schöpfung, die Heimholung aller Geschöpfe in den ursprünglichen Zustand schließt die ewige Verdammnis aus, auf der – im Gegenzug zu Origines – das 5. Ökumenische Konzil des Jahres 553 besteht. Für unseren Zusammenhang bleibt als Resümee, daß der junge Goethe hierarchisch – gemäß der unterschiedlichen individuellen Produktionskraft – und zudem, unter dogmatischem Aspekt, häretisch denkt: Die Belohnung und vornehmlich die Bestrafung für das irdische Verhalten entfallen, da das Böse lediglich den ihm zugewiesenen integralen Teil in der polar strukturierten Ganzheit der Welt einnimmt. Das *prima vista* elitäre Bewußtsein der Shakespeare-Rede wird ausbalanciert durch die humane Gesinnung des Pastors, derzufolge niemand ausgeschlossen ist von der Barmherzigkeit Gottes und damit vom jenseitigen Leben. Die differierenden Meinungen ergänzen einander. Für den «Stürmer und Dränger» entscheidet allerdings weniger der Glaube als vielmehr die «innre Schöpfungskraft» über den Rang der zukünftigen Aufgaben.

Später, in Weimar, beim eindringlichen Studium Spizonas, fand Goethe seine innerste Überzeugung bestätigt: «Scimus et experimur nos aeternos esse.» Darüber schwieg er. Nur wenige Äußerungen erlaubte er sich während der sog. Klassischen Phase – meist bissige Reaktionen gegen Christenmenschen, die ihn aufdringlich zu missionieren oder prätentiös in ihre Privatoffenbarung einzuweihen suchten. So meinte Lavater, mit seinen vierbändigen «Aussichten in die Ewigkeit» (1768–78) Blicke ins Jenseits getan zu haben – verbindliche obendrein, genährt aus religiösen Texten oder bei Charles Bonnet aufgelesenen pflanzlichen Analogien, alles durchdrungen von einer spekulierenden Phantasie, die den erstrebten Pragmatismus der «Aussichten» oft konterkariert. Zwar finden sich in Lavaters Wunschprojektionen Details wie die Wirkung Verstorbener aufs Irdische, mit der in den späten «Wanderjahren» die vergeistigtste Figur, Makarie, ausgezeichnet ist, auch benützt Lavater Goethes späteres Lieblingsbild, das Exempel von Raupe und Schmetterling, um die Metamorphose, die Verwandlung und Steigerung beim Übergang von einem Zustand zum anderen, zu verdeutlichen, doch Goethes Unwille ist derart groß, daß er aus Aufrichtigkeit seine gewohnte freundliche Schonung in den Antwortbriefen an Lavater, Stolberg oder Jacobi hintansetzt. «Das Drüben kann mich wenig kümmern», entgegnet Faust seinem Wettpartner Mephisto im Sinne des Autors, indem er fortfährt: «Davon will ich nichts weiter hören, / Ob man auch künftig haßt und liebt, / Und ob es auch in jenen Sphären / Ein Oben oder Unten gibt» (V. 1660 ff.).

Der vor- und nachitalienische Goethe entfernte sich weit – fast völlig – vom Christentum seiner Jugendfreunde. Nach dem Tod seiner Frau erhielt Friedrich Graf Stolberg im Februar 1789 ein Beileidsschreiben, das sich nicht nur gegen Frömmelei, sondern gegen Frömmigkeit überhaupt verwahrt. Er, Goethe, halte es mit Lukrez und finde alle seine «Prätension in den Kreis des Lebens» eingeschlossen. Das hieß für Stolberg, daß sich der Briefschreiber einem philosophischen Materialismus zuneige, denn Lukrez' Lehrgedicht «De rerum natura», von Cicero angeblich veröffentlicht, handelt nicht nur vom Mikrokosmos und Makrokosmos, von der Welt der Atome und den Bewegungen der Gestirne, sondern im zentralen Mittelteil auch vom Menschen, den Lukrez von der für alles Übel verantwortlichen Todesfurcht befreien will. Die Todesangst werde von der (heidnischen) Religion eingegeben, schreibt Lukrez, und da es nur

Materie gebe und leeren Raum (I,420) und die Seele leibgebunden sei, ersterben beide gemeinsam. Und Friedrich Heinrich Jacobi, der darauf bestand, daß der Glaube an Gott und an die Unsterblichkeit nicht zu trennen sind, mußte zur Kenntnis nehmen, daß Goethe seine private Offenbarung allein von der Naturbetrachtung abzulesen gewillt war. Beschied der Apostel Paulus die Korinther dahingehend, daß wir auf Erden im Glauben und nicht im Schauen wandeln (2. Kor. 5,7), so setzte dem Goethe in seinem Brief an Jacobi (vom 5. Mai 1786) trotzig und selbstbewußt entgegen: «Wenn du sagst, man könne an Gott nur glauben, so sage ich dir, ich halte viel aufs Schauen.»

Goethes Grobianismen sind gezielt; sie wehren sich in den Jahren vor und mehr noch nach dem römischen Aufenthalt bereits gegen den bloßen Anschein der Frömmelei und Bigotterie. Wie sehr der jeweilige Adressat Goethes Äußerungen allerdings mitbestimmt, demonstriert unter anderen ein Brief an die lebenskluge Herzogin Anna Amalia vom 25. September 1792: «Wenn es mißlich wird, dann zeigt sich erst der Glaube, der sich an dem erquickt und stärkt, was er nicht sieht.» Wir müssen uns mit dem Resümee begnügen, daß sich für den Goethe der achtziger und neunziger Jahre – Spinozas Ethik gemäß (5. Teil, 24. Lehrsatz) – die Gotterkenntnis in der Erkenntnis der Einzeldinge, der Pflanzen und Steine, vollzieht und daß er, Spinozist von entschiedeneren Graden als der verdächtigte Lessing, einen extramundanen Gott schwerlich gelten läßt. Doch obwohl der Pantheismus eine impersonale Gottheit annimmt und das sterbende Individuum sich dieser Lehre gemäß ins Naturganze auflöst, genauer: in den Schaffensprozeß der *natura naturans* eingliedert, bestand Spinoza darauf, daß sich vom menschlichen Geist etwas erhält, «das ewig ist». In seiner erwähnten Anmerkung zum 23. Lehrsatz des

5. Teils formuliert Spinoza apodiktisch, daß wir es nicht nur wissen, sondern erfahren haben: *nos aeternos esse*. Wir können annehmen, daß Goethe seine Überzeugung in dieser Formel wiederfand, die zu zerreden oder inhaltlich auszuschmücken er niemandem zugestand. Das naive Unsterblichkeitsbegehren, das die bloße Selbstliebe eingibt, mußte ihn abstoßen, wie ihn die Anmaßung mancher Frommen, «Blicke ins Reich der Gnade» getan zu haben, noch im Alter verstimmte. Dem Pfarrer Krummacher in Gemarke bei Wuppertal bescheinigte er daher, mit diesen «Blicken» seine Gemeinde «narkotisiert» zu haben.

Wir alle sind geschichtlich bedingte Wesen. Um einen Menschen zu verstehen, und sei er auch von Goethes ungewöhnlichem Zuschnitt und unvergleichlicher Selbständigkeit, bedarf es daher der Kenntnis der herrschenden Tendenzen seiner Epoche. Aus diesem Grund sei in der Folge, wie abbreviatorisch auch immer, auf Mendelssohn, Herder und hin und wieder auf die idealistischen Philosophen eingegangen, da sie die Diskussion jener Jahrzehnte bestimmten und kontrastierend, ergänzend oder bestätigend den geistigen Horizont für Goethes Vorstellungen bilden.

Eine große Wirkung auf die Zeit übte Mendelssohns «Phädon» (1767) aus, der schon im Titel an Platon anknüpft und sich im ersten Gespräch fast als Übersetzung ausgibt. Ehe er den Schierlingsbecher trank, hatte Sokrates, furchtlos und überlegen, mit Freunden und Schülern die Unsterblichkeit bedacht und Gegenbeweise gegen das Verlöschen der Seele aus deren Vorwissen – ihrer Prae-Existenz – geliefert. Die nicht zusammengesetzte, unsichtbare Seele erfaßt, wenn sie ganz sie selbst ist, als pure Gedanklichkeit die Welt des Ewigbleibenden. Mendelssohn geht den Einwänden nach, die Sokrates im Angesicht des Todes anhielten, sein ganzes Wissen und seine volle Überzeugungskraft mit immer weitläufigeren Analogieschlüssen aufzubieten, doch gibt Mendelssohn im zweiten Gespräch einen eigenen Beweis für die Immaterialität der Seele im Geist der neueren Philosophie – im Anschluß an Descartes und Leibniz, Wolff und Reimarus. Mendelssohn argumentiert auf verschiedenen Ebenen: auf der ethisch-praktischen, die die Unsterblichkeit der Tugend wegen fordert, und auf der theoretischen, die die Beschaffenheit der Seele als Gegenwurf zur materiellen Natur aufzeigt. Die Seele, weder Produkt noch Funktion des Körpers, gewinnt an Wesenhaftigkeit und Selbsterkenntnis, je mehr sie das Körperliche überwindet, und gelangt zur reinen Erkenntnis, wenn sie den sterbenden Körper verläßt.

Mendelssohn spekuliert und räsoniert und gibt Hoffnungen und Überzeugungen als Beweisgründe aus, die zu widerlegen sich Kant in der zweiten Auflage der «Kritik der reinen Vernunft» eigens angelegen sein ließ (442 b–473 b). Den Zeitgenossen war der «Phädon» der Entwurf eines mit dem aufgeklärten Bewußtsein versöhnten natürlichen Glaubens, der die Güte Gottes, die Würde des Menschen und das Streben nach Tugend als zulängliche «Beweise» für die Fortexistenz ausgab. Indes verwahrt sich Mendelssohn gegen eine jenseitige Vergeltung oder gar eine ewige Verdammnis, vielmehr begreift er das Weiterleben der Seele als Läuterungsvorgang auf dem Weg zur Vollkommenheit. Die menschliche Schwachheit, der Egoismus, bedarf der Unsterblichkeit als Anreiz, um durch Exerzitien der Tugend in die Imitatio Dei zu treten. Dies war mit lauterer Gesinnung und hohem ethischen Anspruch – gut aufklärerisch – gedacht: Die Unsterblichkeit, als Vernunftwahrheit ohne Hilfestellung einer Offenbarung gesichert, nahm darüber die Züge eines lediglich überhöhten, eines verklärten diesseitigen Lebens an; das Jenseits wurde zur zwar umgearteten, doch wenig anders gearteten Fortsetzung und Ergänzung des Diesseits.

Ein anderer thematischer Aspekt, der die Zeitgenossen beschäftigte: die Unsterblichkeit, gewährleistet durch Seelenwanderung. Es war Herder, Goethes Mentor und Freund, der in fünf, sechs Abhandlungen und Dialogen – bis zu «Tithon und Aurora» (1792) – das Problem der Seelenwanderung und der Unsterblichkeit thematisierte und problematisierte. Den heutigen Leser erstaunt, wie weit sich der Bückeburger Herder vom Neuen Testament entfernte, wie er christliche Vorstellungen subtil säkularisierte, zugleich aber den Prozeß des Lebens sakralisierte. Auf Herders vielseitige Entgegnungen zum Jenseitsglauben eines Bonnet, Mendelssohn und Lavater braucht nicht eingegangen zu werden – genug, wenn deutlich wird, was Goethe als Anregung oder Bestätigung aufnehmen konnte. Da Christus sein «Reich Gottes» nicht im Jenseits gründen wollte, bekennt sich Herder zum tätigen Hiersein. Er versteht das Leben als Kreislauf und begnügt sich mit dem unaufhörlichen Fortleben der Gattung, in der der einzelne aufgehoben ist. In immer neuen Facettierungen und unter jeweils veränderten Perspektiven begreift Herder den Tod als Übergang und Veränderung und erkühnt sich, die Palingenesie – als Seelenwanderung, Anamnesis, Metempsychose allbekannt – ins Seeleninnere zu verlegen und als Seelenwandlung ins Subjekt hineinzunehmen.

Das Höchste, mit dem uns der Schöpfer beschenkt, ist das «eigene Dasein» – so Herder. Daher sei es schädlich, heißt es im Aufsatz «Über die Seelenwanderung», das Ziel des Lebens «jenseitig des Grabes» zu suchen. Niemand und nichts kann aus dem Kreislauf der Natur fallen; diese ist durch Kraft und

Bewegung, durch Dauer und Verjüngung bestimmt – durch eine «ewige Palingenesie» als Selbsterneuerung im Wechsel des Weltlebens. Herders Einfluß ist mit Händen zu greifen, wenn wir uns erinnern, daß Goethes Selbstdeutungen während der Italienischen Reise im Begriff der Verjüngung und Wiedergeburt konzentriert sind und das spätere Aperçu von der «wiederholten Pubertät» und der «temporären Verjüngung» des genialen Menschen (Eckermann, 11. 3. 1828) seine Begründung bei Herder findet, allerdings ohne dessen nachdrücklichen Aufruf zur Versittlichung.

Goethe beteiligte sich nicht an der theoretischen Diskussion der Seelenwanderung, die Lessing durch seine bejahenden Schlußsätze in der «Erziehung des Menschengeschlechts» intensivierte. Doch die von Pythagoras vertretene, vornehmlich in östlichen Religionen verbreitete Reinkarnationslehre gab Goethe die Begründung für das Unverstehbare in seiner Beziehung zu Frau von Stein, die – nach Ausweis der Verse vom 14. April 1776 – «in abgelebten Zeiten» seine Schwester oder seine Frau war, eine «selige Reminiszenz», in die er brieflich Wieland einweihte: «Ich kann mir die Bedeutsamkeit – die Macht, die diese Frau über mich hat, anders nicht erklären, als durch die Seelenwanderung» (wohl im April 1776; WA IV, 3,51 f.). Falk gegenüber soll er im Januar 1813 geäußert haben, daß er vielleicht schon tausendmal da war, doch ist schwer auszumachen, wieviel Ernst dabei im Spiel gewesen sein mag, so daß sein Gesprächspartner mit Recht nach dem Grad der Bewußtheit früherer Erfahrungen fragte. Ähnlich verhält es sich mit der Bemerkung gegenüber Boisserée, er, Goethe, habe das Empfinden, zur Zeit Kaiser Hadrians bereits gelebt zu haben. Verbindlich dagegen sind die Dichtungen, die den Kreislauf der Seele thematisieren und die Palingenesie im hiesigen Dasein ansiedeln: im «Gesang der Geister über den Wassern» und im früheren «Prometheus»-Fragment beispielsweise.

«Des Menschen Seele
Gleicht dem Wasser:
Vom Himmel kommt es,
Zum Himmel steigt es,
Und wieder nieder
Zur Erde muß es,
Ewig wechselnd.» (HA 1,143)

Die auf der zweiten Schweizer Reise 1779 niedergeschriebenen naturmystischen Verse bemühen die durch dieselbe indogermanische Sprachwurzel belegte Analogie von Wasser und Seele, stellen indes den Kreislauf der Seele vertikal dar – als Verbundenheit von Irdischem und Überirdischem und als Wechsel, der keine Unterbrechung, aber auch kein Bleibendes, keine «Dauer», kennt. Der erste Akt des «Prometheus»-Fragments – ein anderes Beispiel – zeigt die Titelfigur als Selbsthelfer und als Widersacher der Götter, den es nach Totalität verlangt und der sein Ich zum All erweitern möchte. Aus der allein von der schicksalhaften Zeitlichkeit geformten Individualität erwächst die Teilhabe an der Unendlichkeit des Seins. «Wir alle sind ewig!», erläutert Prometheus Pandora (V. 161) und fügt präzisierend hinzu: «So bin ich ewig, denn ich bin!» (V. 165). Diesen Anspruch begrenzt nicht der Tod, jener Augenblick, in dem alles, Sehnsucht, Traum und Furcht, gesammelt ist, da für dieses Dramen-Fragment der Tod mit der Entfaltung und Entgrenzung im höchsten Liebesmoment eins ist: Im Selbstverlust geschieht die Selbsterweiterung; das Todeserlebnis führt zum dionysischen All-Erleben, und beide, Eros und Thanatos, bedingen einander. Den Tod als höchsten Lebensgenuß zu begreifen, gehört zum jugendlich-unbekümmerten Sturm und Drang und dessen rauschhaftem Willen, die Begrenzung des Endes in der Ekstase zu überfluten. Für unseren Zusammenhang ist die väterliche Antwort auf Pandoras Frage: «Und nach dem Tod?» (V. 409) wichtig, denn Prometheus erweitert den dionysischen Liebes-Todesrausch um die Vorstellung der Palingenesie:

«Wenn alles – Begier und Freud und Schmerz – / Im stürmenden Genuß sich aufgelöst, / Dann sich erquickt in Wonneschlaf, – / Dann lebst du auf, aufs jüngste wieder auf, / Aufs neue zu fürchten, zu hoffen und zu begehren!»
(HA 4,187, V. 410 ff.)

Wir sehen: Der junge Goethe übernimmt den von Lessing und Herder erörterten Euphemismus der Griechen, Tod und Schlaf als Brüder bildlich darzustellen (HA 9,316 f.); der Schlaf, der Todesschlaf, erquickt, und – auf einer weiteren Entwicklungsstufe – er verjüngt, indem er zu neuem Leben führt. Der Tod ist nur ein Durchgang, der Anfang neuen Daseins. Von einer Intensivierung durch Wiederholung ist jedoch nur andeutungsweise die Rede, auch nicht von einer Rückkehr zum Ursprung nach einem Prozeß der Wandlung, wohl aber von einem Sterben, das ein neues Werden einleitet.

Das Denkbild der innerseelischen Wandlung liegt vielen Äußerungen Goethes zugrunde. «Alles verwandelt sich, nichts stirbt», schrieb Herder (Suphan 19,667). Diesem verinnerlichten Palingenesiedenken, das das Sterben ins wandlungsreiche Leben aufzunehmen sich erkühnt, verdanken wir die Schlußstrophe der «Seligen Sehnsucht». Konrad Burdach hob die ersten vier Strophen davon ab, denn sie schildern die im Schmetterling verbildlichte Tragik des Eros, der sein «neu Verlangen» mit dem Leben bezahlt. Die Änderung des Titels von «Selbstopfer» zu «Vollendung» läßt folgern, daß der bildliche Zusammenhang der gedanklichen Absicht des Gedichts nicht völlig genügt und das Schmetterlingsgleichnis über sich hinausweisen soll.

Sagt es niemand, nur den Weisen,
Weil die Menge gleich verhöhnet,
Das Lebend'ge will ich preisen,
Das nach Flammentod sich sehnet.

In der Liebesnächte Kühlung,
Die dich zeugte, wo du zeugtest,
Überfällt dich fremde Fühlung,
Wenn die stille Kerze leuchtet.

Nicht mehr bleibest du umfangen
In der Finsternis Beschattung,
Und dich reißet neu Verlangen
Auf zu höherer Begattung.

Keine Ferne macht dich schwierig,
Kommst geflogen und gebannt,
Und zuletzt, des Lichts begierig,
Bist du, Schmetterling, verbrannt.

Und so lang du das nicht hast,
Dieses: Stirb und werde!
Bist du nur ein trüber Gast
Auf der dunklen Erde. (HA 2, 18 f.)

Die Sehnsucht des «Lebendigen» nach «Flammentod» bricht im neuen «Verlangen» nach der im Licht geläuterten Existenzform auf, denn die Befriedigung des Körpers ruft das Ungenügen der Seele hervor: die Erfüllung im Eros verlangt nach Vollendung in dem von ihm durchglühten Geist. Das Sehnen des Schmetterlings, dieser «wahren Ausgeburt des Lichts», wie es im «Entwurf einer Farbenlehre» heißt, erfüllt sich in der todbringenden Vereinigung mit der brennenden Kerze, mit dem Licht, der Manifestation des Göttlichen für Goethe. Der Schmetterling steht für das «Lebendige», das zur höheren Form der Selbstverwirklichung durch das «Selbstopfer» strebt.

Da einer Maxime zufolge «Licht und Geist, jenes im Physischen, dieser im Sittlichen herrschend», «die höchsten denkbaren Energien sind» (HA 12,528), läßt sich die Korrespondenz begreifen, die den Schmetterling zum Licht, das «Lebendige», den «Weisen», zum Geist «reißt». Die Makarie der «Wanderjahre» ist «von einem Licht erhellt», Homunculus, das pure Geistwesen, «leuchtet» («Faust», V. 6848), und eine Aureole umstrahlt Euphorions Genius-Figur. Das Ergebnis: Die Sehnsucht, sofern sie «selig» ist, verlangt nach dem lichtgewordenen Geist, nach dem vergeistigten Licht.

Die resümierende Schlußstrophe mit ihrem vielumrätselten Appell des «Stirb und werde!» läßt sich mit Hilfe von Herders lebensimmanenter Palingenesie und Goethes Metamorphosenlehre, die den Menschen in den Kreis der Natur einschließt, endlich genauer bestimmen. «Unser ganzes Kunststück» – so Goethe in einer anderen Reflexion – «besteht darin, daß wir unsere Existenz aufgeben, um zu existieren» (HA 12,381). Dieses Paradox demonstriert, daß das gleichnishafte Gedicht nicht auf leibliches Sterben ausgeht, sondern auf geistig-seelische Wandlung – von Grund auf – angelegt ist. Während der verbildlichte Vorgang der drei Mittelstrophen im imperativischen «Stirb» konzentriert ist, bekennt sich das «Werde» zum erneuerten, doch gesteigerten Leben, das mit vergeistigter Klarheit eins ist (vgl. «Um Mitternacht» V. 12). Der «trübe Gast» dagegen, Mittelwesen zwischen Erddunkel und Lichtwelt, hat die Forderung des diesseitigen Lebens noch nicht begriffen, die das Naturgesetz der Metamorphose und das sittliche Prinzip der Steigerung einschließt. Wer das hiesige Leben lebt, wie es gelebt sein soll, wer also durch viele Tode im Leben hindurchging, der übt sich ein in die letzte, tiefstgreifende Verwandlung, ins Sterben des alten Körpers und ins Werden der Geistexistenz. Wer sich angemessen auf den Tod vorbereiten will, der muß fähig sein zur Selbstpreisgabe als Voraussetzung vertieften Selbstgewinns, im Bild gesagt: zum «Flammentod» als zeichenhaft-mystischem Vorgang für die Durchgeistigung des Körperlichen. Das esoterische Gedicht, an die «Weisen» nur gerichtet, verschweigt, wie das neue «Werden», die geistige Wiedergeburt, geartet sein könnte, doch Herder belehrt uns, wie diese innere Metamorphose vorzustellen ist: «Reinigung des Herzens, Veredelung der Seele mit allen ihren Trieben und Begierden. Das, dünkt mich, ist die wahre Palingenesie dieses Lebens.» (Suphan 15,303) Aber auch Goethe gibt gelegentlich einen schmalen Blick frei ins Gemeinte. Im letzten Brief, am 17. März 1832 an Wilhelm von Humboldt adressiert, in dem er begründet, warum er das vollendete «Faust»-Drama zurückhält, schreibt er, er «habe nichts angelegentlicher zu tun als dasjenige, was an mir ist und geblieben ist wo möglich zu steigern und meine Eigentümlichkeiten zu kohobieren», also, nach alchemistischem Sprachgebrauch, abzuklären und zu läutern. Wie das Gedicht vom

«Flammentod» in die Forderung nach erneuertem, vertieftem Leben mündet, so bezeugt dieser letzte Brief den ergreifenden Selbstanspruch, die eigenen Anlagen zu «steigern» und das Persönlich-Individuelle zu «kohobieren», das heißt zur Klarheit und Deutlichkeit zu führen und zum Generellen hin zu erweitern. Eine andere Vorsorge fürs erhoffte Jenseits kannte Goethe nicht, doch ließ seine Liberalität im Alter auch fremde Gesinnungen gelten.

Erstmals, und zwar bezeichnenderweise an Wielands Begräbnistag, am 25. Januar 1813, ging Goethe auf ein ausführliches Gespräch mit dem kirchlich gebundenen, karitativ engagierten Johann Daniel Falk über jenseitige Dinge ein. Der Tod des Dichterfreundes, dessen Bedeutung Goethe wie wenige andere hochhält, löst ihm die Zunge. Da wir Falks Fragen, seine Einwände und Zusätze lediglich durch ihn selbst kennen und da wir wissen, daß jeder nur aufnimmt, was er versteht, läßt sich die Authentizität der Gesprächswiedergabe nicht Wort für Wort belegen. Die Makarienmythe in den «Wanderjahren» bestätigt indes durch verwandte Vorstellungen Falks waches Gedächtnis und die Glaubwürdigkeit seiner Aufzeichnungen, die in thesenhafter Verkürzung in der Folge zusammengefaßt werden sollen.

Ein persönliches Fortleben nach dem Tod nimmt Goethe als gegeben an. In dieser Gewißheit bestärkte ihn seine Naturforschung. Die Natur erlaubt in ihrer haushälterischen Ökonomie nicht den «Untergang solcher hohen Seelenkräfte», obschon nicht auszumachen ist, wieviel individuelle Potenz bewahrt bleibt. In Anlehnung an Leibniz spricht Goethe von Monaden, von «letzten Urbestandteilen», die in verschiedener Rangordnung existieren. Die großen Monaden raffen alles an Weltstoff an sich heran, dessen sie habhaft werden können.

Im Augenblick des Todes löst sich die organisierende Hauptmonas ab, geht aber sofort neue, tätige Verhältnisse ein und verfolgt die ihr immanenten Ziele. Jede Monade braucht ihren Ort; eine Weltmonas nistet sich auf einem Großgestirn ein. Goethe könnte sich vorstellen, so orakelt er, nach Jahrtausenden Wieland wiederzusehen, dem «das nebelartige Wesen irgendeines Kometen in Licht und Klarheit» umzubilden aufgetragen war. Wenn er wähnt, den großen Monaden sei «das Werden der Schöpfung» anvertraut, findet sich Goethe in Übereinstimmung mit den Philosophen des Idealismus. Angesichts des Nichtbeweisbaren, des bloß Geahnten und Gedachten, beläßt Goethe gegen Ende des Gesprächs dem Glauben sein Recht, ja er argumentiert wie Kant, wonach die grenzensetzende Vernunft es ist, die dem Glauben seinen eigenen unveräußerlichen Raum schafft. Resümieren wir, so ergibt sich, daß Leibnizens Monadologie, wozu noch präzisierend der aristotelische Entelechiebegriff kommt, und die Auffassung von Metamorphose und Steigerung, die im bedeutenden Menschen wirken, Goethes «Aussichten» ins Jenseits der Sinne grundieren. Maßgeblich für die Fortexistenz ist die im Hiersein gewonnene oder verwaltete geistige Qualität der «entelechischen Monas» (an Zelter, 19. März 1827), die, sobald sie von der Verdüsterung des Körpers gereinigt ist (zu Eckermann, 11. März 1828), unbegrenzt weiterwirkt.

Ein anderes, ein naturwissenschaftliches Zeugnis für Goethes Unsterblichkeitsglauben: Im Briefwechsel mit dem Naturforscher Nees v. Esenbeck, der mit eigenen Untersuchungen Goethes Aufsatz vom Juli 1820 über «Verstäubung, Verdunstung, Vertropfung» produktiv beantwortete, kommt Goethes Beglückung darüber zum Ausdruck, daß er beim Anblick eines ertrunkenen Insekts dessen lichten Nimbus zu gewahren meint, daß er an toten Fliegen wahrnimmt, wie die Natur nicht nur «von Leben zu Leben», vielmehr «durch Vernichtung zum Leben» schreitet. Es ist anzunehmen, daß Goethes Briefe vom November 1825 und vom September 1826 an Esenbeck wenig Gnade bei heutigen Entomologen finden, doch für Goethe war aufgrund subtiler Beobachtung und trotz nüchterner Deutung erkennbar geworden, wie aus der Verwesung – «höchstmerkwürdig» – das Fortleben hervorgeht und «die *aura* sich wieder entschieden gestaltet». In Anspielung auf den 2. Korintherbrief 5,4 – «auf daß das Sterbliche würde verschlungen von dem Leben» – erklärt Goethe im September 1826 nicht ohne Feierlichkeit: «Man mag so gern das Leben aus dem Tode betrachten und zwar nicht von der Nachtseite, sondern von der ewigen Tagseite her, wo der Tod immer vom Leben verschlungen wird.» (WA IV, 41,173; vgl. WA IV, 40,124). In dieser Formel, die sich der Naturbetrachtung verdankt, ist der ganze Goethe, ist Goethes geheimste und zugleich verlangendste Sehnsucht enthalten.

Indes: Gegen alle sinnliche Erfahrbarkeit des Übersinnlichen verwahrte sich Kant. In seiner Rezension von Herders erstem Teil der «Ideen» konnte Kants unbestechlicher Scharfsinn den Palingenesiegedanken, sofern er vor der Vernunft bestehen wollte, so wenig wie die Theodizee-Vorstellung gelten lassen. Aber auch die Theorien über die Unsterblichkeit der Seele verwarf Kant, denn wie bei der Frage nach der Existenz eines Gottes sind hier Beweise – und Gegenbeweise – unmöglich zu führen. Theoretisch sind die Unsterblichkeit und ein möglicher übersinnlicher Zustand nicht demonstrierbar, auch vermag niemand nachzuweisen, ob die Seele nach und trotz der Trennung vom Körper sich ihre Vorstellungsfähigkeit erhält. Entscheidend für Kant: daß die Moralität «unauslöschlich ist», da sie zum «inneren Wert der Person gehört». Die reine praktische Vernunft erlaubt es, Gott und Unsterblichkeit – einander bedingende Postulate – zu erhoffen, denn die Vervollkommnung eines endlichen Wesens verlangt nach einem «ins Unendliche gehenden Progressus». Daher ist es weise, «so zu handeln, als ob ein anderes Leben» möglich und in ihm unsere moralische Gesinnung unverändert gültig sei. Die Forderungen der Pflicht sind immer größer als unsere Kraft zur Erfüllung. Um dem unbegrenzten Anspruch zu genügen, dürfen, ja müssen wir ewige Fortdauer erwarten. Auch Fichte setzte anstelle des rationalen Beweises die sittlich begründete individuelle Gewißheit. Am Ende der dritten Vorlesung «Über die Bestimmung des Gelehrten» statuiert er: «mein Dasein ist nicht vergebens und zwecklos; ich bin ein notwendiges Glied der großen Kette, die von der Entwicklung des ersten Menschen zum vollen Bewußtsein seiner Existenz bis in die Ewigkeit hinausgeht.» Dem Menschen ist aufgetragen fortzusetzen, «was jemals groß und weise und edel» war. Da diese Aufgabe nie vollendbar ist, kann ich – so Fichte – «nie aufhören zu wirken und mithin nie aufhören zu sein». Das heißt: Aus der Unendlichkeit der Aufgabe resultiert die Ewigkeit des postulierten individuellen Seins.

Goethe stimmte im Greisenalter überraschend genau mit der Auffassung des philosophischen Idealismus überein. In seinem Handexemplar der «Kritik der reinen Vernunft» strich er sich den Passus an, der besagt, «der Glaube an einen Gott und eine andere Welt ist mit meiner moralischen Gesinnung so verwebt, daß, so wenig ich Gefahr laufe, die erstere einzubüßen, eben so wenig besorge ich, daß mir der zweyte jemals entrissen werden könne». Weniger in der rigiden Moralität Kants als im Begriff der Tätigkeit, die keine irdische Grenze anerkennen kann, gründet Goethes innere Gewißheit der Dauer. Dafür einige zentrale Textzeugnisse: «Wirken wir fort», schrieb er an Zelter (am 19. März 1827) nach dem Freitod von dessen Sohn,

«bis wir, vor- oder nacheinander, vom Weltgeist berufen in den Äther zurückkehren! Möge dann der ewig Lebendige uns neue Tätigkeiten, denen analog in welchen wir uns schon erprobt, nicht versagen! Fügt er sodann Erinnerung und Nachgefühl des Rechten und Guten was wir hier schon gewollt und geleistet, väterlich hinzu; so würden wir gewiß nur desto rascher in die Kämme des Weltgetriebes eingreifen.

Die entelechische Monade muß sich nur in rastloser Tätigkeit erhalten; wird ihr diese zur andern Natur, so kann es ihr in Ewigkeit nicht an Beschäftigung fehlen.»

Und Eckermann notierte sich unter dem 4. Februar 1829:

«Die Überzeugung unserer Fortdauer entspringt mir aus dem Begriff der Tätigkeit; denn wenn ich bis an mein Ende rastlos wirke, so ist die Natur verpflichtet, mir eine andere Form des Daseins anzuweisen, wenn die jetzige meinem [!] Geist nicht ferner auszuhalten vermag.»

Die eigene Subjektivität, das hochgesteigerte Innere allein ist es, das während des letzten Lebensjahrzehnts Goethes Hoffnungsglauben legitimierte. «Den Beweis der Unsterblichkeit», so sagte er zu Kanzler Müller (am 15. Mai 1822), «muß jeder in sich selbst tragen, außer dem kann er nicht gegeben werden». Diese Auffassung wiederholte er am 19. Oktober 1823, doch fügte er das Selbstverständliche hinzu, «dogmatisch» lasse sich eine persönliche Fortdauer nicht nachweisen, und wolle man bloße Ahnungen «ausstaffieren», verliere man sich in Widersprüchen. «Unser Geist ist ein Wesen ganz unzerstörbarer Natur», «ein fortwirkendes Wesen von Ewigkeit zu Ewigkeit», vertraute er Eckermann (am 2. Mai 1824) an.

Man möchte in Zitaten fortfahren, da der späte Goethe aus der vollkommenen Klarheit des Bewußtseins und aus der Mitte exemplarischer Erfahrung zu sprechen scheint, so, als seien ihm die Wirklichkeit des Innen und des Außen transparent. Gleichviel, ob er an den Altersfreund Zelter schreibt, oder ob er mit Eckermann oder Müller parliert: Seine Maximen und Sentenzen über den Tod und die Unsterblichkeit wirken abschließend und endgültig – als erledige sich mit der geglückten Formulierung das in ihr angesprochene Problem. Er beharrt darauf, daß die Steigerung des eigenen Wesens, die Selbst-Bildung der autonomen Persönlichkeit, der Einklang mit der «sittlichen Weltordnung» (an den Grafen Brühl, 23. Oktober 1828) und die rastlose Tätigkeit, die «Folge an Folge» reiht, die einzig angemessenen Einübungen in das geglaubte Fortleben bedeuten.

Wie gesagt, Platon und Leibniz nahmen eine Hierarchie der Seelen an. Auch der achtzigjährige Goethe sagte zu Eckermann (am 1. Sept. 1829): «Wir sind nicht auf gleiche Weise unsterblich, und um sich künftig als große Entelechie zu manifestieren, muß man auch eine sein.» Überblicken wir die uns überlieferten Aussagen des alten Herrn, die allesamt die freudige Gewißheit einer persönlichen Fortdauer belegen, so fällt – eine Folge seines «aristokratischen Individualismus» (Ernst Robert Curtius) – bitter auf, daß weder er noch die Philosophen des Idealismus an die «Mühseligen und Beladenen» dachten, an die Opfer in der Menschheitsgeschichte, die im Diesseits Entrechteten und schuldlos Gescheiterten. Die Ersten «hüben» sollen auch die Ersten «drüben» sein, die Letzten die zu kurz Gekommenen bleiben. So befindet Panthalis, die sich für ihren Teil auf die personbewahrende Treue beruft, nach Helenas Tod über ihre Chormädchen: «Wer keinen Namen sich erwarb noch Edles will, / Gehört den Elementen an» («Faust», V. 9981 ff.). Das ist antikisch gedacht, aber entgegen der Menschlichkeit der synoptischen Evangelien, die die Letzten als die Ersten bestimmen (Matthäus 20,16; Markus 10,31; Lukas 13,30).

Einen innigen Blick in das verhüllte Innere gewährte Goethe einer Frau mit dem taktvollsten Brief, den er im letzten Jahrzehnt seines Lebens diktierte. Auguste Gräfin von Bernstorff, geb. Stolberg, Gustchen genannt, die Schwester der Gefährten während der ersten Schweizer Reise, schrieb ihm im Oktober 1822, lange vierzig Jahre, nachdem der Kontakt abgebrochen war. Dieser Brief der alten Dame scheint auf den ersten Blick aufdringlich zu sein, ein einfältiger Bekehrungsversuch, der sogar den Tadel an manchem «Schädlichen» in Goethes dichterischem Werk nicht unterdrücken mochte. Doch Goethe nimmt hin, was ihn sonst verstimmte, denn er fühlt, daß er an ihren toten Brüdern etwas gutmachen kann, und er spürt, daß sich diese tapfere Frau, die viel gelitten hatte, um sein Seelenheil aufrichtig sorgt. So antwortet er der «teuren Freundin», indem er allerdings «im Allgemeinen» bleibt. Er geht auf ihre Vorhaltungen nicht ein, kommt ihr vielmehr entgegen, ohne seinen Standpunkt aufzugeben, öffnet sich, ohne die freundliche Distanz zu verringern. Er läßt sich zu keinem Bekenntnis verleiten, will aber auch sie nicht beeinflussen; er legt kein Credo in der gewünschten Weise ab, kehrt aber auch nicht die Unterschiede oder gar Gegensätze hervor, die sie trennen. «Bleibt uns nur das Ewige jeden Augenblick gegenwärtig, so leiden wir nicht an der vergänglichen Zeit.» «Das Ewige», «das Höchste»: Goethe neutralisiert und entpersonalisiert im Rückblick auf sein Leben, doch der Vorblick auf die Zukunft, auf die Zeit außer der Zeit nach dem Tod, läßt ihn zum Zitat greifen und auf Johannes 14,2 anspielen: «In unseres Vaters Reiche sind viel Provinzen.» Damit hat er eine diplomatische Antwort gefunden; die Liberalität des Apostels kommt seiner liberalen, seiner scheinbaren Unbestimmtheit zugute. Er braucht nicht zu fürchten, die Freundin seiner Jugend zu verletzen, auch wenn er sich nur im Zitat festlegt. Dennoch bleibt der Brief monatelang liegen und geht erst nach einer gefährlichen Herzbeutelentzündung, die Goethe im Vorfrühling 1823 dem Tode nahebrachte, nach Bordesholm. Wie in den Briefen der Frankfurter Zeit erschließt er sich jetzt der damaligen Beichtigerin und äußert nach der überstandenen Krankheit seinen Lebensglauben und seinen scheuen Hoffnungswunsch: «Möge sich in den Armen des all-liebenden Vaters alles wieder zusammen finden.»

Wer in Goethe den Erzieher aus Verantwortung sieht, den Vertreter des pädagogischen 18. Jahrhunderts, wird seinen verhaltenen Optimismus in Briefen und Gesprächen richtig zu deuten wissen; wer sich erinnert, daß Dichtung für ihn ein «weltliches Evangelium» ist und Poesie und Hoffnung in ihrer Bildlichkeit verwandt sind, der bemerkt auch die Anstrengung, die nötig ist, um dem literarischen Anspruch auf «aussöhnende Abrundung» (HA 12,343) – nicht nur im Trauerspiel – nachzukommen. Goethes Lebensglaube steht, schwer erworben, gegen eine vielfältige Lebenserfahrung, die skeptisch machte, und seine Ewigkeitserwartung nährt sich aus sich selbst – oft der Selbstbeschwichtigung, öfter dem Appell, andere zu «erheben», abgewonnen. Das naturwissenschaftlich legitimierte Vertrauen in das allumfassende Leben ist es schließlich, worin Goethes Jenseitshoffnung ihren sicher-unsicheren Grund fand.

Goethes Unsterblichkeitshoffnung mag ermutigen, doch da

auch sie keine Verbindlichkeit beanspruchen kann, ist jeder gehalten, seine eigene, ihm eigentümliche Überzeugung zu gewinnen. Der späte Goethe äußerte in Dutzenden von Gesprächen, Briefen und Maximen seinen Glauben mit zurückhaltender Offenheit, doch alle Aussagen zusammen ergeben erst die ganze individuelle Wahrheit, die weder nach rationalem Beweis noch nach dogmatischer Absicherung verlangt – diese auch nicht erträgt. Sollte ich die Verse benennen, die seine gedichtete Vorstellung des Jenseits konzentriert enthalten, so wäre auf «Höheres und Höchstes» zu verweisen, in dem der «Divan»-Zyklus seine äußerste kompositionelle Steigerung und seine letzte und schönste lyrische Kulmination erfährt.

«Ungehemmt mit heißem Triebe
Läßt sich da kein Ende finden,
Bis im Anschaun ewiger Liebe
Wir verschweben, wir verschwinden.»

In dieser Schlußstrophe kommt noch einmal der «heiße Trieb», die Glut der Lebensliebe zu Wort, die am Ende nicht abtrennbar ist von der Liebe Gottes, vielmehr in sie übergeht und von ihr aufgefangen wird. Der Eros gelangt im Irdischen an «kein Ende» – Stillung findet er in der Agape, der «ewigen Liebe», die nicht länger geglaubt werden muß, sondern – gut paulinisch – jenseitig geschaut werden kann. In dieser «ewigen Liebe» zu «verschweben», zu «verschwinden», nimmt die Hoffnung, die Individualität zu erhalten, und befreit von der Sorge, sie zu verlieren. Es genügt, daß den Liebesgläubigen die Liebe «von oben» erwartet, in die er ein-, in der er aufgeht.

WERNER KELLER

Quellennachweis

Die in diesem Band versammelten Texte werden nach der *Artemis-Gedenkausgabe* (mit Bandnummer und Seitenzahl), der *Weimarer Ausgabe* (WA), der *Hamburger Ausgabe* (HA) sowie der *Biedermann-Herwigschen Edition von Goethes Gesprächen* (B) zitiert.

Die Illustrationen entstammen dem *Corpus der Goethezeichnungen*, hg. von G. Femmel u. a., Leipzig 1958–73.

Briefempfänger und Gesprächspartner

Bernstorff, Auguste Louise Gräfin von, siehe Stolberg-Stolberg.

Boisserée, Johann Sulpiz (1783–1854) und sein Bruder Melchior (1786–1851), beide zunächst Kaufherrn in Köln, sahen, von Friedrich Schlegel und Johann Baptist Bertram aufmerksam gemacht, früh den Wert mittelalterlicher Kunst und sammelten, durch die Säkularisation begünstigt, seit Beginn des Jahrhunderts altdeutsche und altniederländische Malerei am Niederrhein. 1810 siedelten sie mit ihrer Sammlung von Köln nach Heidelberg über. – Graf Reinhard vermittelte die Bekanntschaft der Boisserées mit Goethe. 1811 stellte sich Sulpiz in Weimar vor; 1814 und 1815 kam Goethe nach Heidelberg, um die Sammlung der Brüder kennenzulernen. Die Beziehung zu Sulpiz Boisserée vertiefte sich; der Briefwechsel zwischen ihm und Goethe ist außerordentlich aufschluß- und umfangreich.

Brühl, Moritz Paul Karl Friedrich Graf von (1772–1837), Offizier und Hofbeamter in Berlin. 1815 Intendant der Königlichen Schauspiele, 1830 Generalintendant der Königlichen Museen. Der junge Brühl hatte schon 1785 und 1800 Goethe in Weimar gesehen und hier entscheidende Theatereindrücke empfangen. – Als Intendant versuchte er, in Berlin den Weimar-Stil durchzusetzen. Auf seine Bitte hin schrieb Goethe 1821 den «Prolog zu Eröffnung des neuen Berliner Theaters».

Cumberland, Friederike Caroline Sophie, Herzogin von (geb. Prinzessin von Mecklenburg-Strelitz) (1778 bis 1841), in 1. Ehe Gattin des Prinzen Friedrich Ludwig Karl v. Preußen, 1798 Gattin des Prinzen Friedrich Wilhelm v. Solms-Braunfels, nach dessen Tod 1814 Gattin des Herzogs Ernst August von Cumberland.

Eckermann, Johann Peter (1792–1854), aus Winsen in Niedersachsen, 1813/14 freiwilliger Jäger, 1821 Jurastudium in Göttingen, zugleich literarische Arbeiten. Er übersandte Goethe seine eben erschienenen «Gedichte» mit einer Skizze seines Lebensganges. Im Juni 1823 traf Eckermann in Weimar ein, er wurde der Gehilfe Goethes, Mitarbeiter an der Ausgabe letzter Hand, neben Riemer Herausgeber des Goetheschen Nachlasses. 1830 hatte er August von Goethe auf einer Reise nach Italien bis nach Genua begleitet. – Die von Eckermann aufgezeichneten «Gespräche mit Goethe» erschienen 1835–1848.

Egloffstein, Caroline Gräfin von (1789–1868), Tochter der Henriette Egloffstein, 1815 Hofdame der Erbgroßherzogin Maria Paulowna, mit dieser viel auf Reisen. In Weimar war sie viel zu Gast im Haus am Frauenplan, Goethe fühlte sich in Gesellschaft des harmonisch-ausgeglichenen Mädchens wohl, für sie selbst war ein Tag nur ganz rund, wenn sie Goethe gesehen und gesprochen hatte.

Falk, Johann Daniel (1768–1826), Schriftsteller und Erzieher; seit 1798 in Weimar, besonders in der «Franzosenzeit» (Falk diente der weimarischen Regierung als Dolmetscher) enge Beziehungen zu Goethe. 1813 gründete Falk, schon immer an der sozialen Frage interessiert und erschüttert durch den Tod seiner vier Kinder, die an einem Tag durch ein endemisches Fieber starben, das «Falksche Institut», eine Erziehungsanstalt für verwaiste und verwahrloste Kinder. – 1824 schrieb er seine Erinnerungen «Goethe aus näherm persönlichem Umgange dargestellt», nieder, die aber erst nach seinem und Goethes Tod veröffentlicht wurden.

Goethe, Katharina Elisabeth, geb. Textor (1731–1808), Goethes Mutter, die «Frau Aja» oder auch die «Frau Rat» des Goetheschen Kreises, ein lebenskluger, warmer, starker Mensch.

Grüner, Joseph Sebastian (1780–1864), Jurist und Verwaltungsbeamter in Eger; 1820 lernte er Goethe bei einer Paßrevision kennen. Von da an war er häufig Gesellschafter und Begleiter des Dichters während seiner Badeaufenthalte in Böhmen. Für Goethe war Grüners Interesse an mineralogischen und geognostischen Fragen wertvoll. 1825 kam Grüner nach Weimar; der Briefwechsel zwischen ihm und Goethe dauerte bis zu des Dichters Tod.

Hasenclever, Henriette (geb. Schlosser), Gattin von David Hasenclever, Tochter von G.s Schwager J. G. Schlosser aus zweiter Ehe.

Herder, Siegmund August Wolfgang von (1776–1838), Sohn von J. G. Herder, 1813 Freiherr, Berg- und Hüttenmann, 1826 Oberberghauptmann in Freiberg (Sachsen).

Humboldt, Wilhelm Freiherr von (1767–1835), Sprachforscher, Ästhetiker, preußischer Diplomat (Rom, Wien, London), Minister des Innern und der Unterrichtsangelegenheiten, 1810 Begründer der Berliner Universität. – Durch Schillers Vermittlung lernten Humboldt und Goethe einander in den neunziger Jahren kennen und schätzen; eine Freundschaft, die erst mit dem Tod Goethes endete.

Loder, Justus Christian von (1753 bis 1832), Anatom und Professor der Medizin in Jena, Halle und Königsberg, 1810 kaiserlicher Leibarzt in Moskau, verf. «Anatomisches Lehrbuch».

Löw und zu Steinfurt, Karl Friedrich Ludwig von (1803–1868), Sohn des nassauischen Oberjägermeisters Philipp v. L., stud. iur. in Göttingen, seit 1826 Dozent in Heidelberg.

Luden, Heinrich (1780–1847), Historiker und Publizist, Professor für Philosophie und Geschichte in Jena, Verfasser einer «Geschichte des deutschen Volkes», 1814–1818 Herausgeber der «Nemesis, Zeitschrift für Politik und Geschichte». Goethe lernte Luden 1806 in Jena kennen.

Müller, Friedrich Theodor Adam Heinrich von, genannt Kanzler Müller (1779–1849), seit 1801 Jurist und Verwaltungsbeamter in Weimar. Für seine Verdienste während der Napoleonischen Kriege wurde Müller 1815 zum Kanzler ernannt. – Er gehörte zu dem engeren Freundeskreis des Goethehauses, 1831 bestimmte ihn Goethe zu seinem Testamentsvollstrecker. Die Tagebuchaufzeichnungen Müllers über seine Unterhaltungen mit Goethe erschienen 1870; sie gehören neben Eckermanns «Gesprächen mit Goethe» zu den wichtigsten Aufzeichnungen über mündliche Äußerungen des Dichters in den letzten Jahrzehnten seines Lebens.

Nees von Esenbeck, Christian Gottfried Daniel (1776–1858), Mediziner, Botaniker und Naturphilosoph, zunächst Arzt in Frankfurt, später Professor in Erlangen, dann in Bonn und Breslau, 1818 Präsident der Kaiserlich Leopoldinisch-Carolinischen Akademie der Naturforscher. Esenbeck, der Goethe seit 1804 kannte, hatte sich dessen Gedanken zur Metamorphose der Pflanzen und Tiere zu eigen gemacht; 1823 schlug er vor, eine von Karl Ph. von Martius in Brasilien entdeckte Malvenart «Goethea» zu benennen.

Rauch, Christian Daniel (1777–1857), Bildhauer, Lehrer an der Akademie der Künste in Berlin, 1804–1811 in Rom, besuchte Goethe öfters in Weimar, modellierte 1820 eine Büste des Dichters (Atempo-Büste), entwarf zwischen 1823 und 1825 mehrere Skizzen für das geplante, aber nicht ausgeführte Frankfurter Goethedenkmal und schuf 1828/29 die Statuette «Goethe im Hausrock». Goethe schätzte Rauch sehr.

Reinhard, Karl Friedrich Graf von (1761–1837), Studium der Theologie und Philosophie in Tübingen, 1787 Erzieher in Bordeaux, seit 1791 Diplomat in französischen Diensten. – Goethe lernte Reinhard und dessen Frau Christine (geb. Reimarus, † 1815) 1807 in Karlsbad kennen. Reinhard besuchte den Dichter häufig in Weimar, er vermittelte 1810 Sulpiz Boisserée den Zutritt zu Goethe. Der Briefwechsel der beiden Männer währte bis zu Goethes Tod.

Riemer, Friedrich Wilhelm (1774–1845), Philologe und Schriftsteller, zunächst Erzieher bei den Humboldts, 1803 Lehrer von Goethes Sohn. Er lebte im Haus am Frauenplan und wurde in allen literarischen und philologischen Fragen der engste Mitarbeiter des Dichters. 1814 erhielt er die Stellung eines Professors am weimarischen Gymnasium, 1814 wurde er mit den Bibliothekarsgeschäften in Weimar betraut. 1812 überwarf sich Riemer, der auch heftig und eigenwillig sein konnte, mit August von Goethe und mied darum den Frauenplan bis 1819. – Nach dem Tod des Dichters gab er zusammen mit Eckermann die «Nachgelassenen Werke» heraus; seine «Mitteilungen über Goethe» sind eine wichtige Quelle der Goetheforschung.

Rochlitz, Johann Friedrich (1769–1842), Roman-, Theater- und Musikschriftsteller in Leipzig, Herausgeber der «Allgemeinen musikalischen Zeitung» (1798–1818); mit Goethe seit 1800 in nahem Kontakt.

Schiller, Friedrich von (1759–1805), seit Juli 1787 in Weimar, 1789 Professor für Geschichte in Jena, seit 1799 wiederum in Weimar. Durch die Begegnung in der naturforschenden Gesellschaft in Jena im Juli 1794 wurde die Freundschaft zwischen Schiller und Goethe begründet, eines der wichtigsten Ereignisse im Leben der beiden Männer.

Schopenhauer, Adele (Louise Adelaide Lavinia) (1797–1849), Schwester des Philosophen, selbst begabt als Zeichnerin und Schriftstellerin. Adele Schopenhauer war als Freundin von Goethes Schwiegertochter oft Gast im Haus am Frauenplan; Goethe sah das kluge Mädchen gern in seinem Kreis.

Scott, Sir Walter (1771–1832), 1799 Sheriff von Selkirkshire, seit 1811 Schloßherr von Abbotsford, englischer Dichter.

Solms-Braunfels, Friederike von → Cumberland, Friederike von.

Stein, Charlotte Albertine Ernestine von, geb. von Schardt (1742–1827), Hofdame der Herzogin Anna Amalia, verheiratet mit dem Oberstallmeister Gottlob Ernst Josias von Stein in Weimar. – Ein Jahrzehnt lang war Charlotte von Stein der wichtigste Mensch in Goethes Leben. Aber durch seinen plötzlichen und heimlichen Aufbruch nach Italien (1786) und erst recht durch die Verbindung mit Christiane Vulpius (1788) zerbrach die Freundschaft; die Versöhnung bahnte sich nur langsam an.

Stolberg-Stolberg, Auguste Louise Gräfin zu (1753–1835), seit 1783 mit dem dänischen Minister, dem Grafen Andreas Peter von Bernstorff, verheiratet, die Schwester von Friedrich Leopold zu Stolberg. – Goethe hat sie persönlich nie gesehen, aber sie schrieb 1775, von der Lektüre des «Werther» begeistert, an den jungen Dichter, der der «teuren Unbekannten» antwortete. Sie wurde das «Gustgen» der Briefe Goethes. 1782 schlief die Korrespondenz ein. – Erst im Oktober 1822 wandte sie sich noch einmal an den Dichter, um ihn, den sie für einen «Heiden» hielt, an Gott zu erinnern. – Goethe antwortete ihr im April des folgenden Jahres.

Stolberg-Stolberg, Friedrich Leopold Graf zu (1750–1819), Bruder der Vorigen, Jurist und Dichter; mit seinem Bruder Christian Mitglied des Göttinger Hains, später im Kreise der Fürstin Gallitzin in Münster, dort konvertierte er zum Katholizismus. – Im Mai 1775 hatte Goethe die beiden Brüder Stolberg auf ihrer «Geniereise» in die Schweiz begleitet, hatte sich aber bald von ihrem überschwenglichen Gebaren distanziert.

Textor, Anna Margaretha, geb. Lindheimer (1711 bis 1783), Großmutter Goethes.

Vogel, Karl (1798–1864), Arzt, seit 1826 Hofmedikus in Weimar und Hausarzt Goethes, dessen volles Vertrauen er besaß. 1830 übernahm er nach August von Goethes Tod die Oberaufsicht der Anstalten für Kunst und Wissenschaft. 1833 veröffentlichte er eine Studie «Die letzte Krankheit Goethes», der ein Jahr später die Arbeit über «Goethe in amtlichen Verhältnissen» folgte.

Voigt, Christian Karl Gottlob von (1743–1819), Jurist, hoher Verwaltungsbeamter in Weimar, schließlich seit 1815 Präsident des weimarischen Staatsministeriums. Voigt stand Goethe dienstlich und persönlich nahe; der umfangreiche Briefwechsel zwischen den beiden Männern bezieht sich weitgehend auf die amtlichen Geschäfte, spiegelt aber auch das freundschaftliche Verhältnis, das Goethe und Voigt in ihrer Arbeit verband.

Wachler, Johann Friedrich Ludwig (1767–1838), Theologe, Philologe und Literarhistoriker in Marburg und Breslau; sein «Handbuch der Geschichte der Literatur» zeigte Goethe 1825 in «Kunst und Altertum» an.

Wenzel, Friedrich, aus Ilmenau. Arbeitete vermutlich im dortigen Bergwerk, verf. ein Handbuch des allgemeinen deutschen Bergrechts. Lebensdaten nicht im einzelnen bekannt.

Zelter, Karl Friedrich (1758–1832), ursprünglich Maurermeister in Berlin (eine vom Vater erzwungene Berufswahl), später Musiker und Komponist, seit 1800 Leiter der Singakademie, Gründer der Liedertafel und des Instituts für Kirchenmusik, schließlich Professor für Musik an der

Akademie der Künste. – 1799 schrieb Zelter zum erstenmal an Goethe, der bereits dessen Vertonungen seiner Gedichte kannte, Goethe antwortete, und bald entwickelte sich eine Freundschaft, deren Denkmal der umfangreiche Briefwechsel ist.

Ziegesar, Anton von (1783–1843), 1808 Kammerherr, später General-Landschaftsdirektor und Oberappellationsgerichtspräsident in Jena.